De 1 a 3 años

Ediciones Palabra
Madrid

© Silvia Banqueri, 2025
    Ediciones Palabra, S.A., 2025
    Ronda del Caballero de la Mancha, 59 - 28034 MADRID (España)
    Telf. (34) 91 350 77 20 - (34) 91 350 77 39
    www.palabra.es
    palabra@palabra.es

Diseño de cubierta: Equipo editorial
ISBN: 978-84-1368-493-2
Depósito Legal: M-20.069-2025
Printed in Spain - Impreso en España

Silvia Banqueri

De 1 a 3 años

Descubriendo el mundo

hacer familia

ÍNDICE

BLOQUE I

EL ARTE DE EDUCAR

Introducción

El genial Quino, autor y viñetista argentino, en una de las tiras de su más famoso personaje, Mafalda, decía que, «si es por cuestión de títulos, yo soy tu hija, y nos graduamos el mismo día». Ser padre o madre no es únicamente una cuestión biológica, sino que nos implica de por vida, nos «ata» al destino de nuestros hijos para siempre. No solo vamos a ocuparnos de su bienestar material, de que coma y duerma correctamente y no enferme, sino que tenemos que hacer de esa criatura que se nos entrega una mujer o un hombre preparados para ser adultos maduros y autónomos.

Y esto lo hemos experimentado todos cuando tenemos a nuestro primer hijo en brazos. Hace 24 años nació mi primera hija, yo tenía 25 años y mi marido, 27. Teníamos todo el amor y la ilusión del mundo y mucha intuición. Pero también muchas dudas, que nos restaban seguridad en las cosas que hacíamos.

¿Cómo podríamos atender todas las necesidades de nuestra hija? Hablamos de necesidades básicas: físicas, intelectuales y afectivas.

Y todas esas dudas me surgían siendo ya profesional de la educación, habiendo tenido entre mis manos manuales de educación de todo tipo, habiendo estudiado a todos los expertos tanto en Magisterio como en la licenciatura en Psicopedagogía, acudiendo a seminarios de educación... Y después de más de 25 años dedicada a este arte de ayudar a las familias a hacer de sus hijos pequeños hombres y mujeres en todas las etapas educativas, sigo acercándome como a algo sagrado porque cada persona es única e irrepetible, cada familia, un universo diferente al que no se le pueden dar recetas, aunque sí pautas para ayudarlas...

En nuestro caso, cuando empezamos a introducir los alimentos y las nuevas rutinas de alimentación, nuestra hija se negó rotundamente a merendar. Me pasaba la tarde haciendo papillas de frutas que luego no quería ni probar, meterle la cuchara en la boca era un imposible, lo escupía todo. Probamos todas las alternativas, yogures de todos los sabores, trocitos de fruta, galletas... el caso es que no quería merendar. Las abuelas estaban muy preocupadas. La llevamos al pediatra por si estábamos haciendo algo mal y la respuesta del médico fue: «¿No quiere fruta? Le ofrecemos un yogur. ¿No quiere yogur? Le ofrecemos unas galletas. ¿No quiere unas galletas? Hambre». Nos quedamos con la boca abierta. Las abuelas estaban más que escandalizadas pensando que, pobrecita, cómo se iba a quedar sin comer. Aunque entre nosotros no conocemos a nadie que haya muerto por inanición.

Al poco de nacer su hermano, cuando ya tenía 3 años, una tarde, disfrutando conmigo del baño de su hermano, ella me ayudaba a vestirlo acercándome la ropa y cantando canciones. De repente, dejé de prestarle atención a ella y empecé a decirle al pequeño que ¡menudo bombón tenía! Al segundo, ella había cogido el bote de colonia y se la había volcado sobre la cabeza de lleno. ¡Menudo susto!

Además, unos días antes, se había hecho caca en el sofá, cuando esto ya lo controlaba desde hacía tiempo y delante de nuestros ojos, o mejor dicho, de nuestras narices... Está claro que nos encontrábamos ante un caso de celos que debíamos superar.

Mi cuarto hijo tardó en salir de nuestra habitación, quizá fue al que más le costó adaptarse a la nueva rutina del sueño en su propio dormitorio. Intentábamos hacer una rutina por las tardes de merienda, parque, baños, cenas, cuento y a dormir. Pero la rutina que él había cogido era otra: ¡y a llorar! Llegaba a desesperarse, de verdad, él y nosotros también.

Y cómo olvidar las peleas entre hermanos, ese deporte olímpico que entrenan a todas horas en las familias.

Mi segundo hijo era medalla olímpica en picar y provocar a su hermano. Cuando el tercero jugaba tranquilamente a algún juego de construcción, el segundo llegaba y le tiraba alguna pieza, por lo que toda la construcción se acababa cayendo y, como consecuencia, empezaban la pelea y los gritos. Esto hacía que el ambiente en casa fuera bastante agotador y desmotivante.

¿Cómo podíamos expresar todo nuestro cariño sin llegar con nuestra conducta a sobreprotegerlos? ¿Qué podíamos hacer cuando no quería comer? ¿Conseguiríamos algún día quitarle el pañal? ¿Cómo podríamos gestionar esas rabietas en el supermercado? ¿Cómo conseguir que el salón parezca un salón y no un territorio conquistado por los juguetes? ¿Qué podríamos hacer para que el momento de las tardes con baños, cenas y hora de acostarse fuera placentero y no una prueba de fuego después de un duro día de trabajo? ¿Cómo conseguir que algún día saludara o se despidiera de los abuelos o primos de una forma cariñosa? ¿Cómo podía dormir de un tirón sin que se despertara a mitad de la noche con pesadillas o terrores nocturnos? ¿Cómo superar sus miedos? ¿Cómo podríamos calmar sus celos cuando nació su primer hermano? ¿Cómo hicieron nuestros padres para superar todo esto?

Todos necesitamos que nos acompañen
porque no nacemos sabiendo ser padres.

Todos necesitamos, como necesité yo entonces, que nos acompañen, porque no nacemos sabiendo ni nos formamos para esto en el embarazo. Llevo desde hace casi tres décadas ayudando a niños y niñas de todas las edades y acompañando a sus familias a superar cada una de las dificultades que se van encontrando en cada etapa educativa. Y cada edad tiene su propia necesidad. Muchas veces pensamos en la adolescencia, que es complicada realmente, pero que, si se ha preparado, es más llevadera. O los cambios de la niñez o la pubertad que nos fuerzan a acompañarlos muy de cerca mientras vamos soltando *lastre* para que crezcan. Y la edad a la que nos referiremos en este volumen: la primera infancia, donde necesitamos ayudarles a convertirse poco a poco en autónomos y que puede llenarnos de dudas y miedos sobre si lo estaremos haciendo bien. Son muchos años, pero en cada uno de ellos he encontrado retos nuevos, ocasiones de preguntarme de nuevo, de investigar y de llenarme de la experiencia de tantos padres y profesores que con su imaginación e iniciativa, su amor por sus hijos y por sus alumnos han descubierto nuevas formas de educar. De todos se aprende, de todos podemos encontrar una lección que incorporar a nuestras vidas. Por eso, mucho de lo que aquí encontréis hay que agradecérselo a esas familias y compañeros que han ido dejándome participar de su manera de educar, de ver crecer a sus hijos y alumnos.

Que tengas este libro entre tus manos quiere decir que, de alguna manera, puedo acompañarte en esta apasionante aventura de educar. Espero que te ayude tanto como en su día me ayudaron a mí los libros de Hacer Familia (ahora actualizados en esta nueva colección) en la crianza y educación de mis hijos.

Este libro está estructurado para que puedas leerlo de forma secuencial o bien para que puedas emplearlo como libro de consulta. Quizá, alguno quiera ir directamente a buscar consejo sobre eso que le preocupa hoy, pero si puedes, lee después la fundamentación un poco más teórica para que puedas sacar mejor tus propias conclusiones en cada caso.

Este libro se compone de 4 partes o bloques. En la primera queremos ayudaros a plantearos vuestro modo de educar, qué tipo de familia y modelo educativo queréis para vuestros hijos. En la segunda parte definimos las bases teóricas que componen desde la neurociencia y las ciencias de la educación las características de los niños de esta edad. En la tercera parte se analizan diferentes situaciones habituales que se pueden dar a estas edades y cómo podemos hacer frente a ellas en casa. Y por último, en el último bloque hablamos de los valores y virtudes propios del periodo sensitivo en el que nos encontramos y que podemos trabajar desde la familia.

Lo que ha cambiado la educación de ayer a hoy

En generaciones anteriores, toda la comunidad (padres, vecinos, familiares, profesores...) educaba a los niños. Había unos principios comunes que toda esa comunidad compartía. Los buenos modales, el respeto, las virtudes sociales básicas. Hoy hay «otros educadores» (medios de comunicación, redes sociales, videojuegos...) que distorsionan de alguna manera esa forma de educar de la comunidad. Además, otros valores han entrado en juego en la sociedad que chocan con los anteriormente existentes. Por tanto, ha cambiado la manera de educar.

Lo que, como padres, tuvimos claro desde el principio era que la felicidad de los hijos dependía en gran medida de la felicidad de la familia, por lo que esto iba a ser un gran reto que queríamos afrontar, y para hacerlo con éxito buscamos las herramientas necesarias para conseguirlo: escuelas de familias, libros de educación...

Porque para educar hay que dedicar tiempo, ese tiempo que en esta sociedad actual es tan limitado y que muchas veces invierte nuestra escala de valores dejando lo más importante para el final.

Tengo seis hijos de diferentes edades y además, como ya he dicho antes, he dedicado 27 años a la docencia en todas las etapas educativas, desde Infantil a Bachillerato. Aunque podríamos pensar que ya lo sabemos todo, después de tanto estudio y años de experiencia, solo os puedo confesar que el papel lo sostiene todo. Cada día me doy más cuenta de que hace falta poner la cabeza y el corazón con cada hijo en cada etapa importante de sus vidas para ayudarles en esta trepidante aventura de ser mejores personas. La teoría la podemos saber, pero hay que dedicar tiempo, paciencia, esfuerzo y dedicación para conseguir eso que nos hemos propuesto para que el ambiente familiar mejore, buscando la felicidad de cada uno. Porque cada hijo es único y, según van creciendo, debemos adaptar la educación a la edad de cada uno.

Cada hijo es único y debemos adaptarnos a la edad y a sus características personales.

Para ello, debemos adelantarnos, tratar de llegar antes de que aparezcan las dificultades. Trabajar la educación y la estimulación temprana para no tener que apagar fuegos más adelante y siempre enfocando la educación de una forma positiva.

Este libro va dirigido a padres, madres y profesores que quieren hijos o alumnos felices, que quieren que encuentren esa felicidad buscando la mejor versión de sí mismos.

Cada hijo es único

Es importante partir de los fundamentos antropológicos de la educación. Educamos *para algo*, pero siempre partiendo *de algo previo:* la visión que tenemos del hombre. Esto es lo que da coherencia a todo nuestro quehacer. Antes de emprender cualquier acción, cualquier proyecto, como padres debemos preguntarnos: *¿favorece esto nuestro modelo educativo? ¿Desarrolla a la familia según la visión que tenemos de ellos antropológicamente?* Solo si la respuesta a estas dos preguntas es afirmativa podemos considerar que esa acción debe ser realizada.

Partimos de que cada persona es única e irrepetible, y su dignidad, inviolable. Por eso debemos tener un respeto exquisito a su conciencia, a su libertad y a su desarrollo personal. Se busca en todo momento que sean conscientes de su dignidad (y la de las personas que les rodean) y que desarrollen todas las potencialidades con las que han sido enriquecidas y que son suyas y que solo ellos pueden hacer fructificar. Ese respeto por la libertad lleva a desarrollar un sentido del deber y la responsabilidad, ya que no son órdenes que reciben, sino acciones que salen de su propia reflexión. Se trata de que aprendan a amar y a amarse como son, a que todo su quehacer futuro vaya dirigido al servicio de los demás para mejorar el mundo que les toca vivir con esos dones que solo ellos tienen (son únicos).

El respeto por la libertad de los hijos nos llevará a desarrollar en ellos el sentido del deber y de la responsabilidad.

En esa acción de ayudar a cada hijo a ser mejor, es importante diferenciar entre ser y hacer. Los padres no pueden hacer a su hijo mejor. Los padres pueden ayudarle, acompañarle, pero no hacerle. Ya que, si lo hago así, le estaré manipulando.

Veámoslo con un ejemplo:

Antonio no quiere dejar el cubo y la pala a otro niño que juega en el arenero. El padre le dice que se lo deje y Antonio se niega. Si el padre finalmente le obliga a ello sin que el niño haya interiorizado y aceptado las razones por las que es bueno ser generoso, no estaremos haciéndole un bien para conseguir una virtud, sino que estaremos manipulándolo para conseguir lo que queremos.

Por lo tanto, para ayudar a cada persona a ser mejor, debemos respetar su inteligencia, con la verdad por delante. Según van creciendo y, por supuesto, adaptándonos a cada edad, es fundamental explicarles los porqués además de ayudarles a elegir, asumiendo las consecuencias de sus acciones.

Dentro de la familia, les ayudamos a que sean buenos y esto se va reflejando en la conducta de cada hijo. Pero esto, a su vez, tiene que estar conectado con principios. Si no saben por qué tienen que hacer las cosas, los hijos pensarán que sus padres son unos maniáticos. Cuando nos fijamos solo en educar la conducta, conseguiremos que aprendan a adaptarse al medio, e intentarán repetir esa conducta pero sin asimilarla. Pueden ser camaleónicos, no tienen color propio. Cambiarán por fuera pero no por dentro.

Hace unas semanas íbamos mi marido y yo en el metro con tres de mis hijos (20, 12 y 8 años) y una señora me preguntó: «Los tres son vuestros?». «Sí, le contesté. Tengo otros tres más». Y sorprendida me dijo: «Pues qué niños tan majos y educados». Le di las gracias y me quedé pensando y analizando por qué me decía esto. Mis hijos habían estado pendientes de la gente que entraba y, en varias ocasiones, habían preguntado a otras personas si querían sentarse donde ellos estaban. Además, ese día estaban especialmente amables dando las gracias y pidiendo las cosas por favor y no se quitaban la sonrisa de su cara.

Cuando la educación se asimila, se convierte en vida y sale de manera natural en el obrar.

La importancia de ser mejores

Todos cometemos errores. Si pensamos un poco, a veces lo hacemos por descuido —las más de las veces—, y otras, por maldad o mezquindad, por lo que tiene de poca cosa. Nuestros hijos nos ven y se dan cuenta de esos fallos. ¡Porque los niños se dan cuenta de todo! Recuerdo la cara de sorpresa de mis hijos mayores la primera vez que les pedí perdón por un error que había cometido con ellos.

En una ocasión uno de los pequeños preguntó si «los papás se equivocan» y, cuando les dijimos que los mayores hacemos cosas mal (y a veces peores que los niños), se sorprendió mucho. Le dijimos que los niños tienen errores pequeños y los mayores, errores grandes y que tenemos que pedir perdón igual que ellos, pero que siempre hay que pedir perdón e intentar no volver a hacerlo.

No es tan importante lo que hacemos mal, sino empeñarse en mejorar cada día. Y esto sirve para los niños y para los mayores. Para ello, lo importante es enseñarles a pedir perdón y que vean que sus padres también piden perdón. Que se den cuenta desde pequeños de que no somos perfectos.

No es tan importante lo que hacemos mal como empeñarse en mejorar.

Así cuando crezcan no se llevarán esa decepción, ni transmitirán esa presión de perfección cuando les toque educar.

No basta con ser buenos, hay que ser mejores. Cada día un poco, como esos montañeros que a cada paso se acercan más a la cumbre. Así tenemos que tratar de mejorar en nuestra labor como padres y educadores. Y hay ocasiones en las que tropezaremos y descenderemos (o eso creeremos) dos pasos en ese ascenso, pero lo importante es no dejar de caminar porque hasta los errores nos ayudan a mejorar.

Para recordar

- Ser padre o madre no es únicamente una cuestión biológica, sino que nos implica de por vida.

- Todos necesitamos que nos acompañen porque no nacemos sabiendo ser padres.

- Han aparecido nuevos «educadores» que hacen necesario actualizar la forma de educar.

- Cada hijo es único y debemos adaptarnos a la edad y a sus características personales.

- La educación nos lleva a buscar hijos libres y responsables.

- Lo importante no es ser perfecto, sino mejorar cada día

Para pensar

- Piensa en qué personas pueden ayudaros en vuestra tarea de educadores y valora la experiencia que otras generaciones pueden aportaros en vuestra labor educativa.

- Piensa en las cualidades que tiene tu hijo y a dónde quieres que llegue como persona.

- Piensa en si eres demasiado perfeccionista o, por el contrario, un poco laxo en tu vida personal. ¿Qué es lo que te mueve a actuar?

CLAVES DEL DESARROLLO EDUCATIVO DE 1 A 3 AÑOS

EDUCACIÓN INTEGRAL

¿CUÁL ES NUESTRO ESTILO EDUCATIVO?

EL PROYECTO EDUCATIVO, COSA DE DOS

NO PERDER EL OBJETIVO: HIJOS FELICES

Educación integral

Educar es desarrollar a la persona en toda su potencialidad. Es, como decía Sócrates, uno de los padres de la filosofía griega, sacar de dentro de uno eso que realmente es. Es descubrir quién eres: tu identidad personal. Para desarrollar esa identidad personal, necesitamos desarrollar todas as dimensiones del ser humano. De otro modo, es como si tuviéramos una pierna más larga que otra o la cabeza enormemente desproporcionada respecto al cuerpo. Es necesario que cada una de estas dimensiones vaya creciendo y tomando forma en la persona.

Se trata de desarrollar las diferentes potencialidades, trabajando cada una de las dimensiones de la personalidad de una forma armoniosa:

- Intelectiva: que lleva a descubrir la verdad sobre sí mismos y sobre el mundo que les rodea.

- Volitiva: que les conduce a querer esa verdad de forma asertiva, por muy ardua que se les presente, descubriéndola como un bien que merece la pena alcanzar.

- Afectiva: que les ayudará a regular las emociones, pasiones y sentimientos, a través de la cual nos impresionamos con lo que nos rodea y con quienes nos rodean, en un equilibrio lejos tanto de la emotividad superficial como de la frialdad ante el dolor y sufrimiento del prójimo.

- Física: para que el cuerpo acompañe a la persona, ya que somos un solo ser compuesto de cuerpo, alma y espíritu. En la edad que nos corresponde tratar en este volumen, quizá sea más evidente, ya que son muy importantes las rutinas de sueño, alimentación, estimulación temprana, higiene...

Como el profesor y experto en educación familiar y fundador de Identitas Juan José Javaloyes enseñaba, esas dimensiones se cruzan con los *constituyentes del ser* para desarrollar la identidad personal:

- Singularidad: que es el principio que lleva a cada uno a ser único, eso que hace diferente a un padre de un hijo, a un hijo de otro. Como educadores, nos lleva a ser capaces de mirar el fondo de cada uno y descubrir sus posibilidades y limitaciones.

- Apertura: es el constituyente que explica la relación con las personas que nos rodean y con las cosas entre las que vivimos. Nos permite expresar la singularidad, en la que todo nos va afectando y nos va configurando en esa singularidad.

- Origen: que lleva a plantearse quién soy yo, de dónde provengo, de quién soy hijo. Los padres transmiten la vida, pero no la originan. Cómo la persona dé respuesta a su origen configurará la manera en la que se afrontan los retos que la vida vaya presentando.

Para desarrollar la identidad personal necesitamos abarcar todas las dimensiones del ser humano.

Esta educación integral se puede enfocar desarrollando una serie de valores que perfeccionan a la persona: sinceridad, laboriosidad, comprensión, capacidad de diálogo, confianza, autoestima, capacidad de superación, conocimiento del propio cuerpo y el entorno, estudio y diálogo, entre otros valores. De acuerdo a las diferentes etapas educativas, en esta tarea entrarían en juego la familia, los amigos, el colegio y la sociedad.

En la infancia, ejerceremos esta práctica de la educación de la libertad desarrollando las capacidades de marcha, lenguaje, capacidad de iniciativa en los juegos, capacidad de autodominio, que significa no satisfacer todos sus caprichos, marcar horarios en las comidas y otras rutinas del día, siempre exigiendo con cariño. Cuando nacemos, todos nuestros deseos son necesidades: comer, dormir... Cuando educamos, lo hacemos desde el primer «no». «Me apetece un yogur». «No, porque no lo necesitas». En ese momento ya no todos los deseos son necesarios.

De vez en cuando, hace falta que los padres paren y piensen juntos si se están poniendo en casa los límites adecuados. Debemos preguntarnos: ¿Quién manda en casa? ¿Mamá? ¿Papá? ¿Los dos? ¿O terceras personas que nos han quitado de alguna forma esa autoridad? Normalmente el que cuida, el que dedica tiempo a los hijos es el que manda. «Si no me cuidas, no mandas».

La autoridad en educación necesita de las tres «pes»: persuasión, potestad y prestigio.

A través de la *persuasión* queremos mostrar la verdad de algo mediante razones, evitando la manipulación.

La *potestad* la tenemos los padres por el hecho de ser padres. Podemos y debemos poner límites, elegir los medios para la educación de nuestros hijos. Ellos deben someterse a estos por el hecho de ser nuestros hijos. Es el concepto de «poder».

El prestigio de los padres lleva a los hijos a querer ser como sus padres

Pero es un poder que se basa en el prestigio y, con el tiempo y el crecimiento de nuestros hijos, lo veremos reflejado cada vez más. El poder está llamado a desaparecer conforme crecen, porque educamos para que no dependan de nosotros, pero el prestigio o en su caso la admiración quedarán.

El prestigio sería lo que quede: quiero ser como mi padre o como mi madre. Encarnar en nosotros mismos lo que esperamos de ellos, incluso con nuestros errores, es la mejor manera de educar. Les damos un modelo de hombre o de mujer para su vida.

¿Cuál es nuestro estilo educativo?

Lo primero que tendremos que preguntarnos es cómo somos, qué nos define como educadores de nuestros hijos. No todos educamos igual, aunque queramos lo mismo y lo mejor para nuestros hijos. ¿Cuál es el mejor estilo para educar?

Autoritario

Este estilo lo configuran aquellos que educan de manera predominante con exceso de normas y permanentemente están corrigiendo a los hijos ante la mínima desviación. No toleran el error. Son controladores, se fijan sobre todo en los resultados. Buscan tener los hijos perfectos, que no cometen errores y que son los mejores en todo lo que emprenden.

Para ello, dirigen sus vidas en todos los aspectos de la misma, no dejándoles espacio para la libertad y la responsabilidad personal.

El resultado para los hijos que reciben este tipo de educación autoritaria es a corto plazo, hijos cumplidores, responsables y de buen rendimiento. En el futuro, pueden guardar rencor hacia sus educadores. No toman decisiones para evitar ser castigados o equivocarse. Suelen ser conformistas, poco creativos, poco autónomos y muy pasivos. No les gusta meterse en problemas y no suelen ser sociables.

Sobreprotector

Nos referimos a aquellos que de manera predominante transmiten una preocupación excesiva por los hijos, sin dejar grados de autonomía, no dando responsabilidades. A diferencia del perfil predominante autoritario, no se trata de tener hijos perfectos, sino de evitarles cualquier peligro, por miedo a que se equivoquen y sufran las consecuencias de sus decisiones. Rodean a sus hijos de una «burbuja» de falsa seguridad.

Las consecuencias previsibles fruto de esta educación son la adquisición de hábitos inadecuados, ya que los padres se lo hacen todo. Estarán poco preparados para afrontar situaciones difíciles. Con baja tolerancia a la frustración, con baja autoestima y poco seguros.

Negligente o pasota

Este estilo es el de aquellos que exigen poco a los hijos y tienden a delegar su educación en otras figuras de referencia (profesor, otros familiares, servicio doméstico...).

Son aquellos que no ponen normas a sus hijos para *no complicarse la vida o para no tener confrontación y en pro de una mejor convivencia.* Confían en que los niños crecerán adecuadamente porque «reciben una buena educación en el colegio». Por tanto, son poco exigentes y comunicadores con sus hijos. No ponen demasiada atención a las necesidades de los hijos para que «se espabilen» y suelen manifestar escasas muestras de afecto hacia ellos.

Este estilo educativo da lugar a hijos que aprenden según el azar, con hábitos inadecuados o poco consistentes. Los hijos tenderán a buscar apoyo, cariño y alguien de referencia fuera de la familia. Los hijos crecen con ansiedad e inseguridad personal y un desapego natural, que se vuelve en contra de los padres cuando el niño entra en la etapa de la adolescencia y quieren mostrar un mayor control sobre salidas y demás actividades.

Asertivo

En este estilo educativo se presta la atención adecuada a los hijos, apoyándose en los puntos fuertes de cada uno, ignorando los errores pequeños y corrigiendo aquellos temas que se deban mejorar. Establece normas claras y da responsabilidades según la edad, favoreciendo la autonomía. Fruto de este estilo con predominio asertivo, los hijos suelen ser empáticos, con una gran capacidad de escucha y tienen buenas relaciones afectivas.

Los padres asertivos establecen normas claras y dan responsabilidades favoreciendo la autonomía.

Como consecuencia, los hijos crecen con alta autonomía y autoestima. Tienen facilidad para desarrollar un criterio propio y menos dependencia del medio social. Creativos, tendrán una gran iniciativa para llevar a cabo nuevas tareas. Tomarán decisiones de una forma serena y personal.

La elección, y posterior seguimiento, de un estilo educativo marcará el desarrollo y educación de los hijos.

Evidentemente, parece que todos elegiríamos el estilo asertivo, y vamos a intentar ayudaros a lograrlo con algunos consejos y orientaciones que cada uno deberá adaptar a sus circunstancias personales y familiares.

En educación no se pueden dar recetas ya que, como hemos dicho, cada persona es única e irrepetible y educar no es solo una técnica, sino, sobre todo, un arte. Antes de aplicar cualquier plan de acción, es importante observar, analizar, escuchar, ver dónde está la «normalidad», dónde está nuestro hijo en su crecimiento y, sobre todo, no tener miedo a equivocarse.

En educación, rectificar es lo normal y hay que tener mucha, mucha paciencia porque los logros son siempre a largo plazo.

El proyecto educativo, cosa de dos

Con todos estos mimbres tendremos que construir un «estilo educativo» propio, eso que queremos para nuestra familia y que nos haga ser *los Pérez* o *los García*. Y se construye entre los padres, con mucha comunicación, mucho amor, estudio y flexibilidad para ir reconduciendo lo que sea necesario. Sentarnos juntos desde el principio, mientras esperamos ya a ese primer retoño, y hablar mucho sobre cómo vemos nuestra familia, cómo queremos que sean nuestros hijos, qué tipo de educación les daremos, qué tipo de centro educativo será nuestro referente, cómo será la relación con nuestra familia de origen... hasta pensar en las salidas nocturnas cuando sea adolescente. Todas estas cosas y más deben ser tema de conversación entre los esposos. Construir, al menos como proyecto, lo que deseamos que sea nuestra familia.

Y a la vez, tener la flexibilidad para ir ajustando ese proyecto a la realidad de la vida de nuestros hijos, a las circunstancias de día a día (desde una enfermedad a un cambio de trabajo o de un hijo con un carácter más difícil a unas amistades que son menos adecuadas...) o simplemente a nuestro propio madurar como padres y educadores.

Construir un proyecto educativo requiere mucha comunicación, amor y estudio entre el padre y la madre.

En los primeros párrafos he utilizado la palabra «arte» para referirme a la educación, y ha sido de manera intencional y consciente. Educar no es una «técnica» ni un «conjunto de recetas». Educar es hacer como el escultor al que se le entrega un bloque de mármol y él ya ve, como decía el genial Miguel Ángel, la estatua que terminará siendo. Cada bloque requiere de un tratamiento, de un golpe aquí y un cincel allá, no son todos iguales, aunque se parezcan aparentemente. Y es un arte que nos llevará toda la vida perfeccionar.

El maestro Rodrigo, compositor y concertista autor del famoso Concierto de Aranjuez, a sus 90 años y antes de fallecer, siendo el mejor pianista del mundo, decía que practicaba cada día porque «necesitaba mejorar en su arte».

No perder el objetivo: hijos felices

La educación, como hemos dicho, no son técnicas o recetas, es un arte. Y un arte con un fin. Así como en la música o la pintura el fin es la belleza, crear algo bello que deleite los sentidos, en la educación buscamos la felicidad.

No queremos hijos autónomos para *quitarnos problemas* ante las visitas ni queremos hijos educados y corteses para poderlos llevar a una recepción de la empresa.

Tampoco el objetivo final es que lleguen a catedráticos, directores generales de multinacionales o reputados profesionales de lo que sea. No, lo que buscamos y que debe ser el norte de nuestra tarea como padres o profesionales de la educación es la felicidad.

Queremos hijos e hijas felices. ¿Cuántos casos conocemos de personas con grandes carreras, ingresos ingentes, que sacian todos sus deseos materiales pero que no son felices?

En una entrevista hace ya años, el famoso cantante británico Elton John se sinceró con un periodista que le preguntaba: «¿Es usted feliz?». Y tras pensarlo despacio, el autor de *Sacrifice* o de *The last song* afirmaba que no. Lo tengo todo: fama, dinero y todo el mundo me admira, pero no soy feliz, estoy solo aunque siempre esté rodeado de gente.

Y la felicidad depende fundamentalmente de algo: el amor. He dicho algo, pero sería mejor decir *alguien*. El amor siempre implica alteridad, amar a otro. Estamos creados para amar y solo seremos felices si somos capaces de amar. Hacer de nuestros hijos personas capaces de amar es el mayor legado que podemos darles. Y el amor han de conocerlo primero en casa: papá y mamá o abuelo y abuela son sus primeros referentes en el amor. Han de palpar cómo nos queremos, cómo estamos pendientes uno del otro.

La felicidad es consecuencia de descubrir el amor, y lo descubren en sus padres.

Contaré una anécdota personal que a mi marido y a mí nos dejó pensativos. Iban mis dos hijos pequeños en el coche con nosotros y no sé cómo pero empezaron a hablar de la muerte (no recuerdo si veníamos del tanatorio) y preguntaban: «Si papá se muere, mamá, ¿tú qué harías?», preguntaba el pequeño. Su hermana un poco mayor le contestó: «Si papá se muere, mamá se muere detrás y si se muere mamá, papá se muere también. Van a todo juntos». Habían percibido en nosotros esa unidad como si fuéramos uno.

Tendremos muchos defectos, pero los hijos deben tener claro y sentir y ver el amor que nos tenemos. Eso será, ya digo que con muchos defectos. Lo que puedan llevarse en su *mochila:* el amor de sus padres. Un amor que es la fuente de la que beben el amor de los padres hacia los hijos, de los hijos hacia los padres y de los hermanos entre sí.

Y no nos engañemos: ¿cuáles han sido los momentos más felices de nuestra vida? Seguro que no decimos que el día que compramos nuestro coche o nuestra casa, o el día de la graduación en la universidad. El día más feliz es aquel que coincide con momentos intensos de amor: el conocer a nuestra pareja o el primer día que le besamos o cuando nació nuestro primer hijo.

Para lograr la felicidad, y ser capaces de amar y ser amados (ser *amable* es ser digno de ser amado), tenemos que convertirnos en personas maduras. No es algo que *surja,* sino que es algo que se desenvuelve a lo largo de las diferentes fases de la vida.

Este libro va a hacer referencia a esa primera fase de la vida, la más tierna infancia que está caracterizada por un desarrollo de la función física y de algunos aspectos que irán configurando la personalidad del niño, que luego será adolescente y adulto.

En un niño de la edad de la que hablamos, aprender a andar, a controlar los esfínteres, a comer solo o a vestirse serán aspectos que le ayudarán a ser feliz. Y pensemos que serán felices porque ven que nosotros, las personas que le quieren, les transmitimos amor y satisfacción por el logro.

Como hemos dicho, la felicidad tiene que ver con el amor, con el amor que damos y el que recibimos. Por eso, cuando hablamos de planes de acción y recompensas, hablamos de un abrazo, de una sonrisa o de un beso. Saber que estamos haciendo felices a los demás con nuestro comportamiento nos hace felices.

PARA RECORDAR

- Para desarrollar la identidad personal, necesitamos desarrollar todas las dimensiones del ser humano.

- Encarna en ti mismo los valores y virtudes que quieres que tus hijos desarrollen: con errores pero con lucha visible.

- No existen recetas en educación: cada hijo es único y educar es un «arte» que se aprende durante toda la vida.

- El objetivo de toda educación es la felicidad de los hijos, educar para el amor.

PARA PENSAR

- Piensa en cada una de las dimensiones del ser humano que hemos comentado y anota esos valores que crees fundamentales que adquieran tus hijos.

- Piensa cómo puedes crear un prestigio en tus hijos que les lleve a querer imitarte en el futuro.

- Piensa y anota cómo es tu estilo educativo y cuál es el que quieres desarrollar en tu familia. ¿Qué debo cambiar para llegar a ese estilo educativo?

- Piensa en qué concepto tenéis de felicidad. ¿Se basa en el amor o en la posesión de bienes materiales o prestigio social?

Conceptos generales

En este bloque, analizaremos de una forma más general cuáles son los puntos fuertes, puntos a mejorar y los periodos sensitivos de la etapa en la que nos encontramos. Finalmente nos detendremos para hacer un estudio más exhaustivo de las características de los niños en estas edades.

Conociendo las características fundamentales de esta etapa, podremos trabajar desde la estimulación temprana. De esta forma pasaremos al siguiente bloque entendiendo de dónde partimos para poder trabajar desde la educación preventiva situaciones cotidianas que nos encontraremos en estas edades.

Según Piaget, los niños de esta edad estarían situados entre 2 estadios diferentes.

El primero de ellos sería la etapa sensoriomotora que abarca desde el nacimiento hasta algo más de los 2 años, que comenzamos con la etapa preoperacional. Esta abarca desde los 2 años hasta los 7 años.

Los niños de 1 a 3 años se encuentran a caballo entre los dos periodos. Por tanto, las características que vamos a definir de todos estos niños pueden encontrarse en una u otra de las etapas. Evidentemente, se trata de un acercamiento por observación, los niños no son robots que podamos programar y cada uno de ellos se puede adelantar o retrasar un poco en estas características. Hablamos, por tanto, de periodos sensitivos o periodos en los que es más fácil encontrar unos rasgos comunes, pero como padres y/o educadores no debemos nunca preocuparnos si nuestro hijo o alumno no hace o dice las mismas cosas que su primo o que el vecino.

Así, por ejemplo, el bebé de 1 año tiene conciencia de lo que ya puede realizar de una forma autónoma sin ayuda de nadie. Son esos momentos en los que al ir a ayudarle se niega a recibir esa ayuda. Es conveniente (estando pendiente de que no se haga daño) dejarle hacer las cosas por sí mismo. Muchas veces, los padres sobreprotegemos a nuestros hijos haciendo por ellos cosas o actividades de que ya son capaces de hacer por su madurez.

A esta edad, interactúa con el mundo a través de la estimulación sensorial y las acciones. Los niños de 1 año necesitan tocar, sentir las cosas entre sus manos. El pensamiento abstracto no ha nacido todavía en ellos, por lo que tendremos siempre que acompañar su aprendizaje de una manera sensorial.

Nos encontramos con una inteligencia práctica. El niño para buscar un objetivo dirige una acción con una intención concreta. Para ello, de una forma lúdica experimentarán, probarán, tocarán cualquier cosa u objeto que esté a su alcance para descubrir qué puede hacer con ello, tirándolo al suelo, golpeándolo, volviéndolo a coger, incrementando su actividad de forma que van descubriendo sus capacidades.

Son muchas as actividades que el niño experimenta a esta edad: cuando hacen sonar un sonajero, cuando encuentra un objeto que se ha caído de la mesa o busca una pelota que ha rodado debajo del sofá, tira de la servilleta o imita movimientos o sonidos... están aprendiendo. Cuando imita el sonido de animales o prueba distintos sabores, como agrio, dulce, salado... está aprendiendo.

Es responsabilidad de los educadores dar al niño los estímulos que necesita a esta edad para poder desarrollar su cerebro y realizar las conexiones neuronales que le permitirán continuar aprendiendo en el futuro.

Disfruta mucho con los juegos que se repiten una y otra vez, como pueden ser canciones cortas acompañadas de gestos y ritmo, bailes sencillos o patrones de movimiento.

Si nos fijamos en lo que hacen en la escuela infantil, los niños aprenden las partes del cuerpo, rutinas para vestirse o para comer de forma repetitiva, con un patrón de movimiento determinado. Casi todos hemos visto con qué facilidad se ponen un abrigo tirándolo extendido en el suelo, metiendo las manos y con un giro... abrigo puesto. O cómo repiten en inglés una canción que señala todas las partes del cuerpo de la cabeza a los pies. O esa actividad tan exasperante cuando estás dándole de comer como es coger la cuchara y tirarla al suelo una y otra vez para ver cómo su padre o su madre se agachan a recogerla. El niño aprende así que hay una causa y una consecuencia: tiro la cuchara y papá se agacha a recogerla. ¿Y quién no ha jugado a esconder la cara detrás de una servilleta, apareciendo y desapareciendo detrás de ella para sorprender al niño? Parece un juego sencillo, pero pensemos que para él lo que ve, lo que toca, lo que siente es la realidad y si su madre no está a la vista, quiere decir que se ha ido.

Este juego le ayudará a entender que mamá puede irse en algún momento pero que volverá dándole seguridad. El niño necesita saber que sus padres están siempre ahí para darle seguridad. Este juego le ha enseñado que detrás de lo que ve puede haber una realidad diferente.

Los niños tienen una inteligencia práctica: necesitan tocar, probar, tener la presencia del objeto.

En esta etapa comienzan a ser conscientes de la permanencia del objeto, es decir, de la existencia permanente de objetos independientemente de que los perciban oyéndolos o notándolos, aunque siguen prefiriendo percibirlos cerca de ellos y, por eso, se agarran a su oso de peluche o a su mantita.

Les divierte mucho jugar al escondite y debemos aprovecharlo para que repitan el lugar donde se han escondido. De este modo mejoramos su lenguaje, su capacidad espacial y de situarse en el entorno.

Como vemos, parecen juegos sin importancia, pero todo a esta edad educa. Ayudarle a desarrollar todas sus capacidades nos permitirá un desarrollo futuro más armónico. No son capaces de realizar juegos de concentración, por lo que las actividades deben ser breves para captar su atención.

El niño en esta etapa se encuentra en pleno periodo sensitivo del orden, por lo que es importante educar desde pequeño en este aspecto.

En primer lugar, acompañándole, que nos vea hacerlo muy cerca de él. Podemos cantar juntos «a ordenar, a ordenar cada cosa en su lugar» y convertirlo en una rutina después de jugar y haber disfrutado con sus juguetes. Ser ordenado, laborioso o desarrollar cualquier otra virtud no tiene por qué ser arduo y aburrido. Tenemos que hacer de ello algo atractivo. Pensemos siempre que lo que aprenda hoy quedará fijado en su conducta para el futuro. Estamos educando desde su más tierna infancia al adolescente y al adulto del mañana.

Las rutinas que desarrollemos en esta etapa le acompañarán ya para toda su vida.

También a partir del año, les empiezan a llamar la atención los dibujos e ilustraciones de los cuentos, por eso es bueno comenzar a darles libros donde haya grandes ilustraciones con objetos que puedan reconocer. Algunos libros les enseñan los nombres de animales, de plantas o de objetos de su entorno asociando el dibujo a la palabra. Podemos aprovechar para verlos con ellos y mejorar así la adquisición del habla y la asociación entre el concepto y el sonido.

En cuanto a su psicomotricidad, es a esta edad cuando empiezan a pasar del gateo a andar. Para ello debemos darles facilidades para cuidar su seguridad dejando espacios abiertos y libres de objetos para evitar tropiezos. Además, en este momento es importante el desarrollo de la motricidad fina y la coordinación óculomanual que le ayudará más adelante en los procesos de lectoescritura. También los movimientos del ojo son importantes para el bebé que sigue con la mirada los objetos que tiene en la mano de derecha a izquierda, de arriba abajo y con más luz o menos luz...

Asimismo disfruta mucho manipulando objetos, por lo que se le pueden facilitar materiales para apilar, encajar, construir y, por supuesto, «derribar».

Aprovecharemos los puntos fuertes más comunes en estas edades para trabajar, desde la perspectiva de la educación positiva y atención temprana, el orden y la limpieza en lo que hagan, también en el comer y a la hora de dormir.

Sienten curiosidad por tocarlo todo siendo realmente los protagonistas de su propio aprendizaje, disfrutan de las canciones y de la música en general. Sienten un deseo de ayudar al adulto desde los 18 meses.

También se encuentran en el periodo sensitivo para desarrollar la coordinación, el tono muscular, el control postural, la motricidad gruesa y la lateralidad, y para ello la natación es el deporte más completo a esta edad.

Por otro lado, nos encontramos con otras situaciones habituales a estas edades que es bueno tener en cuenta para entender que es normal que puedan aparecer, aunque hay que saber tratarlas.

A veces presentan miedo a la oscuridad o a quedarse solos, a veces pueden llorar sin motivo aparente. Se encuentran en una etapa egocéntrica, donde los sentimientos en ocasiones son egoístas y de posesión.

Repiten con frecuencia la palabra «mío» sobre todo cuando llegan a los 2 años. Nos encontramos también en la etapa de los celos porque los padres y personas a las que quieren son también concebidos por el niño de esta edad como una posesión suya.

Aunque la rutina de la comida se adquiere fácilmente, también podemos encontrar dificultades en la introducción de nuevos alimentos, texturas y sabores.

En cuanto al lenguaje, es importante trabajar la estimulación de este desde el embarazo, escuchando música y más adelante hablándole de una forma sencilla con un lenguaje claro y concreto. Con todo esto, lo que estamos haciendo es aumentar las conexiones neuronales y, por tanto, aumentar la capacidad e inteligencia del bebé.

Con 1 año, el bebé es capaz de balbucear y/o nombrar palabras de uso cotidiano, como «agua», «mamá», «hola», «pan»...

Como padres y educadores somos un ejemplo a seguir e incluso a estas edades imitar, por lo que desde pequeño se acostumbrará, si así lo hacemos, a que dé las gracias, pida las cosas por favor y salude a las personas que se encuentre por el camino.

También podemos ir por la casa nombrando objetos que hay en las habitaciones, en los pasillos, y repetir esta acción muchas veces. Seguro que le da mucha seguridad y a la vez estamos trabajando la afectividad y aumentando su vocabulario.

Aunque en el lenguaje espontáneo utilicen la «lengua de trapo», no importa, ya que está intentando comunicarse. Probarán de muchas formas hasta que al final acierten con la pronunciación correcta. Les ayudaremos repitiendo alguna palabra concreta siempre a modo de juego sin forzar o insistir si no les sale, sirviendo nosotros como modelo.

Merece la pena que fundamentemos en la ciencia educativa y neurológica y profundicemos cada aspecto de las características de los niños en estas edades que hemos comentado con anterioridad.

Desarrollo psicomotor

Cuando hablamos de desarrollo psicomotor, nos referimos a la adquisición de habilidades que harán que el niño consiga la independencia a nivel motor y, a la vez, el desarrollo a nivel cognitivo y emocional. Por lo tanto, es la actividad física la que favorece el desarrollo de las conexiones neuronales y, por consiguiente, el desarrollo de la inteligencia a este nivel.

En este proceso, el sistema nervioso juega un papel importante, puesto que los responsables fisiológicos son la proliferación de las dendritas (que son la parte receptora de las células nerviosas) y la mielinización de los axones (que son la parte emisora de información en las células nerviosas).

Estos procesos permiten el desarrollo e intercambio de información dentro del sistema nervioso.

Es importante que en este proceso vayan desapareciendo los reflejos primitivos (movimientos automáticos e involuntarios que se ponen en marcha por supervivencia) que están controlados por el sistema nervioso central, y apareciendo movimientos que el bebé ejecutará voluntariamente a nivel postural y motor cada vez más funcionales. Esta etapa está marcada por una serie de hitos del desarrollo psicomotor que supondrá un nivel cada vez más alto de organización y maduración cerebral en el niño.

Cada niño marcará su propio ritmo de desarrollo teniendo en cuenta unos márgenes dentro de la normalidad.

Empieza días después del nacimiento y se desarrolla hasta los 3 años y medio.

Este desarrollo psicomotor dependerá de los factores endógenos (genéticos y neuronales) y exógenos (nutrición, estado de salud y factores ambientales o psicosociales).

Se distinguen 3 etapas del desarrollo psicomotor. Estas etapas están conectadas, ya que cada una asienta las bases de la siguiente.

ETAPAS DEL DESARROLLO PSICOMOTOR

1ª: Competencias motrices primarias

Se caracteriza por la falta de control en su cuerpo. Movimientos espontáneos e inconscientes (REFLEJOS). Se inicia en el nacimiento y su inhibición acaba a los 3 años y medio para dar paso a los patrones básicos de movimiento.

- Reflejo del moro o sobresalto.
- Reflejo *hands pulling* /de presión.
- Reflejo tónico laberíntico (RTL).
- Reflejo tónico s métrico cervical o del cuello (RTSC).
- Reflejo de succión.
- Reflejo de búsqueda o puntos cardinales.
- Reflejo espinal Galant.

- Reflejo de presión palmar y/o plantar.
- Reflejo de Babkin o palmar-mental.
- Reflejo de Babinski.
- Reflejo Landau.
- Reflejo de marcha.
- Reflejo de arrastre.
- Reflejo tónico cervical.

2ª: Competencias motrices fundamentales

Desarrollo de los PATRONES BÁSICOS de movimientos.

Patrones de locomoción:

- Arrastre: patrón motriz cruzado, cabeza hacia el frente y las dos piernas coordinadas.
- Gateo: importancia del sistema vestibular (equilibrio) y propioceptivo (percepción propia).
- Marcha: patrón cruzado.
- Triscado: apoyo de los pies de forma alternativa.
- Carrera: primera fase de vuelo que obliga a un patrón cruzado.

Patrones de manipulación:

- Agarrar y soltar: coordinación óculo-manual.
- Presión de objetos con la mano.

Patrones de estabilidad (equilibrio):

- Estático: ayuda a permanecer inmóviles en una postura sin desplazamiento.
- Dinámico: ayuda a desplazarse para hacer una acción y parar después.

3ª: Perfeccionamiento de las competencias motrices

Conlleva la adquisición de nuevas conductas motrices (HABILIDADES), a través de la práctica y experiencia. Es posible por la evolución de tres aspectos básicos: tono muscular, equilibrio y control postural.

(Basado en el cuadro de R. Rigal, 2006)

Tareas psicomotrices 0-2 años	Tareas psicomotrices 2-3 años
Por imitación y/o mediante consignas: sentarse y levantarse; girarse sobre sí mismo; gatear; saltar verticalmente; lanzar y atrapar una pelota; mover el tronco y cabeza de un lado al otro, de manera conjunta e independiente...	Saltar de un aro a otro colocados en línea recta, en zigzag lateralmente.
Emplear la música y materiales de índole más artístico para las coordinaciones intermuscular, gruesa y dinámica general...	Imitar diferentes posiciones en estático y en movimiento, a partir de fotos, compañeros, vídeos, etc.
Permitir la exploración de diferentes objetos.	Lanzar y atrapar/controlar el balón/pelota con las manos y/o pies, tanto por parejas como en grupos reducidos.
	Emplear la música y materiales de índole más artístico para las coordinaciones intermuscular, gruesa y dinámica general para incluir la óculo-segmentaria.

El sistema nervioso central del bebé al madurar permite que tenga mejor control postural, tono muscular, equilibrio, coordinación y óptimo desarrollo de la motricidad gruesa, además de ayudar a la adquisición de una correcta lateralidad y orientación espacial.

¿Por qué es importante la adquisición de estas habilidades en esta etapa?

Ahora nos vamos a parar un momento, para entender la importancia de la adquisición de estas destrezas.

El movimiento es importante para el desarrollo del tono muscular ya que estimula el sentido del equilibrio relacionado con el sistema cinestésico/vestibular. Se establece un diálogo tónico como medio de expresión emocional. Encontraremos reacciones tensas (hipertonía) como llorar y patalear y reacciones de calma (hipotonía) como el dormir o la relajación que ocurre después del llanto intenso.

Cuando existe un problema a nivel vestibular, se puede observar en los niños mareos, evitación de las alturas, dificultad para subir en toboganes, trepar, andar por barras, cambios de posición de la cabeza y temor ante movimientos en el espacio.

Podemos favorecer el equilibrio y la coordinación con juegos y actividades al aire libre.

Por otra parte, el control del tono muscular está también unido a los procesos de atención y aprendizaje. De hecho, muchos niños con *trastornos en la atención* llevan aparejada una hiperactividad e hipertonía muscular, como indican los profesores Polaino y Ávila.

El sistema táctil también ayuda a mantener el tono muscular. Un tono muscular deficiente suele desarrollar una mala conciencia corporal y una incapacidad de integrar bien los mensajes sensoriales que recibe su cerebro.

El equilibrio y el control postural ayudarán al niño a mantener una posición controlada y adaptar la postura del cuerpo a las diferentes actividades.

La coordinación permitirá al niño la integración de las diferentes partes del cuerpo en un movimiento ordenado y con el menor grado de energía posible. Encontramos 3 tipos de coordinación principales: coordinación motora, mano-ojo y pie-ojo.

El esquema corporal permitirá que el niño tenga una representación de su cuerpo, así como de cada uno de los segmentos y elementos que lo constituyen. Le permitirá identificarse con su propio cuerpo y expresarse y comunicarse a través de él. También este esquema corporal le ayudará a tomar conciencia del espacio, es decir, servirá como base de las nociones espaciales (arriba-abajo) y de la lateralidad (izquierda-derecha).

La lateralidad

Me parece importante dedicar un espacio especial para hablar de la lateralidad por su influencia directa en el aprendizaje.

La lateralidad es la distribución de funciones entre 2 hemisferios cerebrales. Cada hemisferio controla la acción motora del lado opuesto del cuerpo.

La preferencia de un lado del cuerpo sobre el otro, derecho o izquierdo, para hacer cualquier cosa dependerá de esta distribución.

La habilidad de un niño con una determinada mano o pie nos da la información sobre el funcionamiento de su cerebro y cómo está organizado. Una lateralidad bien definida facilitará los procesos de aprendizaje a la edad de 5 años, aunque hasta los 6 o 7 no acaba de afianzarse.

Por lo tanto, es importante trabajar ese desarrollo motor en los primeros años (entre los cero y siete años) que les ayudará a desarrollar de manera adecuada la lateralización hemisférica tanto corporal como cerebral.

Bases neurológicas del desarrollo cognitivo

¡La neurociencia nos ayuda a comprender los procesos mentales involucrados en el aprendizaje. La plasticidad del cerebro es la capacidad del sistema nervioso central para cambiar y adaptarse como resultado de la experiencia externa y a cambios internos.

El periodo sensitivo sería ese marco de tiempo en el cual un evento biológico particular es probable que ocurra mejor.

En la vida temprana, desde que nace y hasta la adolescencia, el niño se encuentra en un periodo altamente sensible, donde las experiencias provocan, para bien o para mal, cambios duraderos en el individuo.

De 1 a 3 años nos encontraríamos en el periodo sensitivo de:

- La marcha, la natación, el equilibrio (montar en bicicleta sin ruedines, patín, danza…).

- La psicomotricidad: arrastre, gateo, volteo, croqueta...
- El desarrollo a nivel de los 5 sentidos.
- La sensibilidad musical reconociendo de una forma intuitiva audiciones musicales.
- Nombrar objetos en distintos idiomas.
- Memorizar canciones, cuentos repetidos, rimas, retahílas...
- Adquirir hábitos básicos de orden (comida y sueño)
- y de higiene, como lavarse, controlar esfínteres, limpiarse los dientes...
- Tienen un gran afán por ayudar desde los 18 meses.
- Gran curiosidad por conocer, necesitan tocarlo todo.
- Lo imita todo y disfruta.

Gracias a la plasticidad del cerebro y a los periodos sensitivos, el cerebro será capaz de cambiar a lo largo de la vida como respuesta a las experiencias de aprendizaje. Es durante el proceso de maduración cuando las neuronas tienen muchas tareas que ejecutar, entre ellas proliferar, es decir, nacer en una parte del cerebro y migrar a diferentes regiones del cerebro donde se especializarán y estabilizarán estableciendo conexiones con las demás células. Es el estímulo de la actividad mental lo que favorecerá la creación de cada vez más y mejores conexiones neuronales. Para aprender, lo que importa no es la cantidad, sino asentar las conexiones que son útiles y válidas, eliminando las que resultan innecesarias.

Aprovechar los periodos sensitivos permite que el niño adquiera un hábito con más facilidad y posibilidad de éxito.

Nos vamos a centrar ahora en el desarrollo cognitivo de los niños de 1 a 3 años.

El sistema educativo hace hincapié en que los niños aprendan a pensar, desarrollen habilidades y adquieran estrategias para la resolución de problemas tanto cognitivos como sociales.

Para conseguir este desarrollo integral del niño, es preciso conocer su nivel de competencia cognitiva, así como su ritmo de aprendizaje y conocimientos previos. Con todo esto se pretende facilitar la construcción de aprendizajes significativos, donde el niño sea el propio protagonista de su aprendizaje.

Aquí entra en juego el desarrollo sensorial del niño, que empieza a recibir estímulos desde antes del nacimiento. Al nacer, el oído ya está tan desarrollado como en el adulto. La vista es, de todos, el sentido menos desarrollado en ese momento y el tacto se activa a través de los receptores sensoriales que están en la piel y responden a la presión o al contacto.

A lo largo de estos primeros años, el desarrollo cognitivo se producirá de forma progresiva en torno a 3 ejes: conocimiento de sí mismo, de las personas familiares, del entorno y de los objetos.

Con un año, el niño se da cuenta de que los objetos no desaparecen cuando desaparecen de su vista. A esto Piaget le llama «permanencia del objeto». Antes de esta edad pasará de no buscar los objetos a tender a buscar el objeto donde se ha ocultado anteriormente.

Otros psicólogos del desarrollo nos hablan también de las neuronas espejo que están involucradas en el aprendizaje de nuevas habilidades por imitación desde que son bebés, emulando, por ejemplo, la expresión facial de los padres.

Gracias a la atención, el niño es capaz de filtrar estímulos e información y concentrarse en aquellos más relevantes. La atención dependerá de su motivación, estado de salud y estabilidad afectiva. También del tamaño del objeto que se le presente. Los objetos grandes le llamarán más la atención que los pequeños. También la posición del estímulo juega un papel importante sabiendo que la mitad superior izquierda de nuestro campo visual es la que capta primero nuestra atención, además del color, la novedad y la intensidad.

A los 3 años, los niños poseen principalmente una memoria implícita, es decir, no consciente, asociada a habilidades motoras. La memoria va a depender de la intensidad, duración y frecuencia de los estímulos que le interesan. Por esa razón, es importante respetar unas rutinas para ayudar a retener información. Según Piaget, nos encontramos en el estadio preoperacional, de donde pasamos de la etapa sensoriomotriz (el niño solo resuelve los problemas con acciones) a la etapa preoperacional (donde estas acciones se pueden llevar a cabo mentalmente).

En esta etapa, el pensamiento del niño es simbólico. Empieza la etapa del *juego simbólico,* que es esa capacidad infantil para analizar mundos posibles y ficticios. (Jugar a «Como si...». Por ejemplo, juego con esta cuchara, como si fuera un micrófono...). Comienza alrededor de los 18 meses y permite al niño formar representaciones sin confundir propiedades. El niño será capaz de usar juguetes para representar realidades, prevé consecuencias de las acciones, representa imitando. Intentará solucionar problemas mediante ensayo-error y será capaz de idear soluciones innovadoras.

Ya con 3 años tiene una idea clara de su cuerpo, es capaz de asociar 2 o 3 colores primarios y también de contar mecánicamente hasta 10 o más.

Son indicadores de posibles problemas en el desarrollo cognitivo de 1 a 3 años:

- Ausencia de contacto visual.
- Repetir las mismas preguntas que se le hacen.
- Falta de interés y de atención por el medio, por los objetos y por los otros.
- No comprensión de órdenes sencillas.
- Falta de juego simbólico, no imita.
- Falta de presencia de sonrisa social.

- Presencia de conductas o juegos estereotipados.
- No busca objetos escondidos o que se han caído.

Desarrollo del lenguaje

El lenguaje, según Piaget (1896-1980), se construye gracias a la relación que el niño establece con el medio. El lenguaje, por tanto, será una manifestación de la función simbólica, representando la realidad, aunque esta no esté presente. Esto lo encontramos desde el principio en el niño cuando, por ejemplo, reclama un objeto que reconoce perfectamente pero aún no tiene la capacidad de pedirlo haciendo uso del lenguaje.

Para Piaget, el desarrollo del lenguaje es fruto del resultado del desarrollo cognitivo. Este lenguaje parte de un lenguaje egocéntrico, ya que hablan con ellos mismos independientemente de que estén acompañados o no. Cuando este lenguaje deja de ser egocéntrico se verá que el niño pasa a ser un ser social o comunicativo.

Piaget atribuye a la infancia un valor fundamental y una importancia decisiva, además de dar relevancia a la influencia del medio social en el medio psicológico.

En los últimos años, como nos dicen Monfort y Juárez (2013), adquieren importancia las teorías de aprendizaje, donde adquiere relevancia la interacción comunicativa:

- El *babytalk* o lenguaje bebé.
- La retroalimentación.
- La aportación del ambiente.

Cuando hablamos del *baby talk,* nos referimos a ese código lingüístico que adopta el adulto, sobre todo la madre, cuando se dirige al niño. Con la finalidad de mejorar la comprensión del lenguaje y que actualmente se considera como determinante en la adquisición del lenguaje por parte del niño. Se caracteriza sobre todo por cuidar la lentitud al hablar y cuidar la pronunciación. Elaborar frases cortas, usar la repetición y un número limitado de palabras.

Este tipo de lenguaje hace referencia al contexto inmediato del niño e intensifica de forma exagerada los gestos.

En esta etapa es importante la retroalimentación tanto cuando el niño lo dice bien como cuando hay algo que corregir. Un caso bastante repetitivo y bastante frecuente en los niños es utilizar los verbos irregulares y los pronombres personales. Por ejemplo, cuando dicen «Lo pongo mí», en vez de «Lo pongo yo», que es como debería corregir el adulto para que ese error no se afiance en el niño.

Cervera también apunta la importancia de la retroalimentación ampliando con más palabras el enunciado emitido por el niño. Por ejemplo, si el niño dice: «Pepe juega», el adulto puede ampliar diciendo. «Sí... Pepe juega con el cubo en la playa».

La aportación ambiental tiene en cuenta los ambientes que influyen en el desarrollo del niño, como el contexto familiar, escolar y social.

Podemos hablar de diferentes etapas en el lenguaje partiendo del punto de vista comunicativo.

La etapa prelingüística coincide con las 3 primeras etapas de la fase sensoriomotriz de Piaget. Hablamos de la etapa preverbal, o etapa del balbuceo (0-1 año), en la que se encuentran ya funciones propias del lenguaje como la comunicación. Más o menos desde los 8 meses comienza con las imitaciones del mundo sonoro que le rodea. Hasta ese momento reacciona a los estímulos auditivos, táctiles y kinestésicos que le rodean. Según va evolucionando en los cambios físicos, pasando, por ejemplo, a mantenerse sentado, se provoca un cambio en su relación y en su visión del mundo. Serán también importantes las rutinas, ya que estos contextos ayudan al niño a entender lo que el adulto tiene en mente y los formatos de los juegos.

En la etapa lingüística propia de las edades que nos ocupan, Castañeda (Navarro, 2013) sitúa esta etapa en el momento en el que el niño emite la primera palabra tal y como se manifiesta en el lenguaje adulto y cuando el lenguaje del niño lo utiliza con una intención comunicativa. La comprensión aparece antes que la expresión.

La etapa lingüística se divide cronológicamente dependiendo de la edad del niño:

De los 10 a los 12 meses: en esta etapa el niño empieza a imitar al adulto, repitiendo sonidos sencillos después de que los diga la persona adulta.

Al cumplir el año realiza acciones motrices a partir de pequeñas órdenes como, por ejemplo, cuando se le pide: «Toma el juguete». En esa etapa es importante la relación afectiva que se establezca entre el niño y el adulto.

De los 12 a 14 meses o inicio de la etapa holofrástica. Comienzan a aparecer las primeras palabras partiendo de unos 5 vocablos.

Sobre los 13 o 14 meses el niño empieza a decir frases que contienen una única palabra y que suele referirse a más de un significado.

De los 15 a 18 meses: como máximo emite unas 20 palabras. Para aumentar el vocabulario del niño podemos realizar ejercicios, como identificar diferentes partes del cuerpo.

De los 18 a los 24 meses emiten 50 palabras, aunque hay un predominio del balbuceo. El niño es capaz de usar sustantivos, verbos y adjetivos y también de utilizar los gestos para llamar la atención sobre algo deseado. Por lo tanto, el niño es capaz de realizar frases aumentando su interés por la conducta comunicativa y la repetición de palabras.

De los 2 a 3 años tiene alrededor de 300 palabras, aunque no a todas les da un significado. Es capaz de usar los verbos «haber» y «ser» además de utilizar correctamente el artículo determinado. Su lenguaje es comprensible, domina la sintaxis de la lengua materna.

A partir de los 3 años, el niño es capaz de mantener conversaciones haciendo uso de un lenguaje descontextualizado. A veces tiene problemas con los tiempos verbales y puede pronunciar prácticamente todos los fonemas excepto los fonemas vibrantes.

Para ver cómo se desarrolla el vocabulario en el niño se puede observar la tabla que proporciona después de sus estudios Rondal (1979):

EDAD	Nº DE PALABRAS	CRECIMIENTO
10 meses	1	
12 meses	3	2
15 meses	19	16
19 meses	22	3
21 meses	118	96
2 años	272	154
2 años y medio	446	174
3 años	896	450
3 años y medio	1 222	326
4 años	1 540	318
4 años y medio	1 870	330
5 años	2 072	202
5 años y medio	2 289	217
6 años	2 562	173

Para Monfort y Juárez (2013), en lo referente a la organización fonológica, el niño no aprende fonemas sueltos, sino que lo que va a aprender serán palabras y frases.

El niño mostrará errores de pronunciación y nosotros como adultos no debemos hacer hincapié en esos errores, sino repetirlo pronunciando de forma correcta. En su evolución se realizarán con más frecuencia correcciones de significado que de pronunciación, ya que los errores de significado terminan corrigiéndose de manera natural con el tiempo. Si no fuera así, los padres aconsejados por el pediatra deberían acudir a un especialista.

Hay que estimular al niño para que cuente, que transmita hechos y sentimientos.

Es importante tener en cuenta que «a hablar se aprende hablando», por lo que debemos estimular la comunicación de los niños en su vida diaria fomentando la expresión oral de una forma que el niño se sienta cómodo intentando comunicar sus ideas y comenzando a dar sus primeros pasos en el mundo del lenguaje. Debemos tener en cuenta también que la lengua es un instrumento de socialización.

Desarrollo afectivo-emocional en la educación temprana

Cuando hablamos de desarrollo socioemocional, nos estamos refiriendo al proceso por el cual el niño adquiere conductas y construye creencias, normas, actitudes, valores propios del medio familiar y cultural en el que se desenvuelve, con el objetivo de establecer relaciones positivas consigo mismo, con los demás y con el medio que le rodea. Durante este proceso, el niño adquirirá una serie de competencias que le permitirán:

- Tomar conciencia de sí mismo y de los demás.
- Lograr la regulación de sí mismo: emocional y conductual.
- La formación de las bases del sistema de apego.

Daniel Goleman, pionero en inteligencia emocional, la define como «la capacidad de reconocer nuestros propios sentimientos y los de los demás, de motivarnos y manejar adecuadamente las relaciones» (Goleman, 1996). El origen de sus teorías está en las de Salovey y Mayer (1990).

La inteligencia emocional se desglosa en dos tipos de capacidades o tipos de inteligencias:

La capacidad de identificar y regular las propias emociones (liderazgo, empatía): inteligencia interpersonal.

- La capacidad de reconocer lo que los demás sienten y piensan (autoconocimiento y autoconcepto), inteligencia intrapersonal.
- La educación emocional y el desarrollo del autoconcepto y la autoestima.

La educación emocional es fundamental para un buen desarrollo del autoconcepto y la autoestima. En Educación Infantl, se contempla en el área de «conocimiento de sí mismo y autonomía personal».

Bermúdez (2000) habla de cinco ámbitos de influencia de la autoestima: escolar, social, familiar, moral, ético y físico.

Entre las aportaciones fundamentales de la educación emocional para un buen autoconocimiento y el desarrollo de una óptima autoestima estarían: un aumento de la motivación, la capacidad para personalizar el aprendizaje, la atención a las diferencias individuales, el favorecer el desarrollo de las competencias emocionales, mejorar el clima y las relaciones personales y lograr un aprendizaje cooperativo.

El correcto desarrollo afectivo emocional desde edades tempranas es muy importante. Los niños y los adolescentes en la actualidad se enfrentan a un mundo donde abundan los casos de *bullying* o acoso escolar, el abuso, la violencia y la superficialidad en las relaciones. Debemos recuperar valores como el amor, la compasión, la empatía y el respeto por los otros.

> *Debemos recuperar valores*
> *como el amor, la compasión,*
> *la empatía y el respeto a los demás.*

El ser humano, desde que nace, establece vínculos con las personas con las que se relaciona, aquellas que cubren sus necesidades básicas, le cuidan y le dan seguridad, por lo que se establecerá con esas personas un vínculo de apego.

Merece la pena que nos detengamos en el estudio del desarrollo de las expresiones emocionales. Estas emociones van a depender del temperamento del niño, ya que los niños pueden reaccionar a una misma situación de diferente manera en base a este temperamento.

Primeras emociones

Cuando hablamos de las primeras emociones, no podemos dejar de hablar del llanto. Se puede afirmar que el bebé puede llorar por distintos motivos: sueño, hambre, malestar, dolor y también por causas más complejas, como la necesidad de atención o el contagio emocional, esto es, si hay varios niños llorando, este niño también llorará.

De forma que encontramos distintos tipos de llanto:

- El llanto básico será causado por el hambre.
- El llanto de cólera es el que expresa molestia y es más intenso.
- El llanto de atención o por frustración.
- El llanto de dolor aparece de repente y en ocasiones se sigue de una contención de aliento.

En cuanto al desarrollo de las expresiones emocionales, desde el nacimiento el niño va adquiriendo la sonrisa refleja, el llanto, las emociones negativas, el surgimiento del miedo y la sonrisa selectiva.

Es a partir del año cuando surge la complejidad emocional, ya que es capaz de reconocer un amplio abanico de emociones y relacionarlas con las que observa en las personas, con sucesos u objetos específicos.

A partir de los 18 meses o 2 años, aparecen los *sentimientos de autoconciencia:* timidez, vergüenza, culpa, orgullo y un mayor desarrollo del «yo». A esta edad requieren ayuda de los adultos para aprender a regularlo.

A los 4 o 5 años mejora su capacidad para ponerse, cognitivamente, en la mente de los demás, un elemento clave en el desarrollo de la *empatía.*

Es importante tener en cuenta que el desarrollo es un proceso continuo y evolutivo, las franjas de edades son siempre orientativas y cada niño tiene un patrón madurativo único, que dependerá entre otras variables de los factores ambientales.

El bienestar personal no se basa tanto en las emociones como en el manejo que hacemos de ellas. La clave está en saber gestionarlas.

Entre las destrezas conductuales para controlar las emociones encontramos algunas como:

- Evitar la mirada del estímulo desagradable.
- Autotranquilización (succión o estimulación corporal).
- Distracción conductual para contrarrestar la emoción con un cambio de actividad.
- Evitación del extraño distanciándose de la persona que no le produce confianza o que le produce rechazo.

En esta etapa aparece esa búsqueda del apoyo social a través de la cual, en situaciones problemáticas, el niño busca la protección y el apoyo de las figuras de apego. Al principio, el bebé necesita de un agente externo que le ofrezca un modo flexible y eficaz de regulación emocional. Para ello es importante que la figura de apego comprenda qué es lo que necesita el niño que se comunica a través de gestos, movimientos, sonrisas, miradas y llantos.

Un apego seguro ayudará al niño a regular sus emociones.

Gracias a este contacto físico y emocional con la figura de apego, el niño establecerá la calma en situaciones de necesidad e irá aprendiendo a regular por sí mismo sus emociones cuando se le acuna, se le habla, se le da un abrazo...

Esta sintonía emocional adulto-niño es muy importante hasta el punto en el que, si encontramos madres que muestran tristeza de una forma continuada o incluso depresión, los bebés crecerán con repercusiones negativas, serán más reservados y menos comunicativos y tenderán a imitar también esa tristeza e incluso, a partir del año, el bebé puede mostrar retrasos en su crecimiento.

Regulación emocional

A la capacidad para gestionar emociones de forma adecuada, tanto propias como ajenas, la llamamos regulación emocional. La regulación emocional es una actividad compleja dependiente de la corteza prefrontal.

Regular NO es reprimir, es encontrar el equilibrio entre expresar emociones y controlarlas.

Una adecuada autorregulación incluye (Estrada, 2011):

1. Control de impulsos y emociones.
2. Capacidad de gestionar la ansiedad y tolerar la frustración.
3. Capacidad de tranquilizarse y consolarse a uno mismo.
4. Habilidad para canalizar, de forma adaptativa, emociones y sentimientos.

A estas edades, el niño es el que mira hacia el adulto con la intención de saber a qué atenerse con respecto a lo que le está sucediendo. Por ejemplo, si el niño tiene una respuesta emocional concreta ante un suceso (se ha caído al suelo y está llorando porque se ha hecho daño), el adulto puede reaccionar subiendo o bajando el tono (aportando cercanía, seguridad, empatía...). Finalmente el niño observa la reacción y reacciona ante esa respuesta adecuándose a ella, bajando el tono o subiéndolo según la respuesta del adulto de referencia (es probable que llegue a calmarse).

Es a partir de los dos, tres años cuando el niño adquirirá sus propios recursos para lograr una autorregulación.

Algunos recursos facilitadores para la regulación de emociones en los niños de estas edades serían:

- Proporcionar o facilitar el modelo: necesitan al adulto para ayudarles; para mantener una actitud tranquila.
- Explicar o definir límites: les dan seguridad.
- Argumentar: razonar, explicar lo adecuado o inadecuado de la expresión de la emoción.
- Darles tiempo para calmarse.
- Favorecer emociones positivas.
- Trabajar la tolerancia a la frustración: facilitar su expresión y acompañar; proximidad física y emocional.
- Buscar el equilibrio en nuestras actuaciones, favorecer emociones positivas.
- Apoyarse en objetos transaccionales: muñecos, mantitas...
- Rincón de la calma (botella de la calma).

- Técnicas de respiración.
- Enseñarles técnicas de automotivación.

El apego

Como hemos hablado, el apego (o vínculo afectivo) es una relación especial, un lazo afectivo que el menor establece con un número reducido de personas más cercanas, que le impulsa a buscar la proximidad y el contacto con ellas a lo largo del tiempo (Banus, 2012).

Según Bowlby (1951), «los efectos inmediatos y a largo plazo que median en la salud mental del niño son el resultado de una experiencia de relación cálida, íntima y continua entre la madre y su hijo en la que ambos encuentran satisfacción y alegría».

Es la primera relación del bebé con su madre, padre o cuidador principal que será referencia para establecer relaciones posteriores. Se asocia a la supervivencia y se incluye dentro de las conductas que regulan las necesidades básicas de cuidado, pertenencia al grupo, seguridad emocional, etc.

Para comprender en qué consiste el apego, tenemos que desmenuzarlo en sus diferentes fases:

- Fase *preapego*, durante los primeros dos meses. Aparecen señales de carácter reflejo que le permitirán comunicarse con las personas que le rodean.

- Fase de *formación del apego,* de 2 a 6 meses. Aprende a diferenciar a los familiares de los desconocidos. Reconoce y prefiere a las personas de su entorno, pero no tiene por qué protestar si se va con ellos.

- Fase *clara de apego*, de los 6 meses a los 3 años. Se consolida la vinculación afectiva, se constituye el sistema de apego, aparecen los miedos y la angustia de separación, que es la reacción desmesurada del niño ante el alejamiento de la persona con la que ha establecido el mayor vínculo, normalmente la madre, más intensa alrededor de los 8 meses. Comienza poco a poco a tolerar ausencias y es capaz de autorregularse.

- Fase de formación de una *relación recíproca*. Hacia los 2 años entiende y es capaz de prever que su madre volverá después. De 3 años en adelante entiende la figura de apego e interactúa con ella.

Dependiendo de cómo haya sido el apego del niño con el adulto, encontraremos diferentes tipos de apego: *apego seguro* e *inseguro*.

Mary Ainsworth realizó un experimento para evaluar estos tipos de apego. Con el que llamó «situación extraña» pretendía estudiar el comportamiento en niños de 2 años ante la presencia de una persona extraña, en un entorno no conocido y con la presencia o no presencia de la madre como figura de apego.

Las reacciones de los niños en las separaciones y en los encuentros demostraron ser un reflejo del sentimiento de seguridad y confianza que depositaba la madre en su hijo.

Por lo tanto, cuando hablamos de apego seguro, estamos hablando de una relación positiva y de confianza, basada en el cariño, protección y atención cuando el niño lo necesita.

Por consiguiente, el niño es capaz de explorar tranquilamente a cierta distancia de ella, puede querer incluirla en sus juegos, pero también es capaz de jugar solo. En el momento en el que desaparece la figura de apego, el niño se intranquiliza, llora y la busca. El extraño puede lograr calmarle o distraerle y es en el reencuentro con la figura de apego cuando el niño se calma abrazándola y al poco vuelve a jugar separado de ella porque sabe que todo va bien.

Este tipo de apego seguro se da en el 65% de los niños. Un apego seguro genera un vínculo que favorece la exploración, el desarrollo y la autonomía, ya que no genera dependencia, sino seguridad, favoreciendo estados emocionales positivos en los niños, y les ayuda a regular las situaciones difíciles mostrándose predecibles y confiados.

Cuando hablamos de *apego inseguro* nos referimos a niños que no han desarrollado un adecuado vínculo debido al tipo de relación que pueden tener. Es una señal de alerta, pero no un anuncio fatídico. Este se da en el 35% de los niños.

Encontramos 3 tipos de apego inseguro:

- Ansioso: con vínculos de dependencia y necesidad de confirmación de seguridad.
- Evitativo: no confía en que sus figuras de apego le proporcionen seguridad, espera incluso rechazo, no muestra reacción ante su ausencia.
- Desorganizado: mezcla de las anteriores. Figuras de apego imprevisibles e impredecibles que pueden ser violentas.

Un bebé que se siente seguro es un bebé que explora y está dispuesto a aprender. Según Bowlby, cuando se separa al niño de su figura de apego, esto provoca en él sentimientos de ambivalencia, rechazo/acercamiento, esto dependerá en gran medida de la edad del niño y del modo y duración de la separación.

Cuando se produce esta separación, encontramos 3 fases:

En la *primera fase*, llamada de protesta, el niño lucha activamente por recuperar su figura de apego: llora, intenta huir, aferrándose a objetos de apego de casa o alguno que haya encontrado por el camino. Rechaza cualquier ayuda y se muestra hostil. Si vuelve la figura de apego, se aferrará más a ella.

A continuación, encontraríamos una *segunda fase*, también llamada de desesperación, en la que disminuye la intensidad de su comportamiento, el llanto se muestra intermitente y pueden aparecer conductas regresivas y de ansiedad. Pierde la esperanza de que la figura de apego vuelva y muestra pensamientos ambivalentes hacia los nuevos cuidadores.

Esta conducta desaparece dependiendo del tiempo de separación y de la actitud de la figura del apego.

Y por último encontraríamos una *tercera fase* o aceptación en la que el niño se adapta a la nueva situación y muestra interés por las personas que le rodean. El niño se mostrará distante, frío, pero se recupera el vínculo después de un tiempo.

La ansiedad de separación

La ansiedad de separación se da en los niños a partir de los 6-8 meses y es normal hasta los 3 años.

La ansiedad de separación es un conjunto de manifestaciones y vivencias del niño en ausencia de sus figuras de apego. Si el niño ha tenido un apego seguro, esta ansiedad por separación será más reducida en intensidad y tiempo.

El periodo de adaptación en las escuelas infantiles

Para trabajar el periodo de adaptación en las escuelas infantiles, se suele recomendar a los padres tener despedidas breves, pero cariñosas, que el niño no tenga sensación de abandono, dejar al niño algún objeto de apego para que pueda dormir la siesta o entrar con él en la escuela infantil. Se debe procurar que no coincida con otro cambio importante en su vida, como puede ser el nacimiento de un hermano, la retirada del pañal o del chupete... Es importante tener mucha comunicación directa con los padres para transmitirles seguridad con lo que está viviendo su hijo y realizar alguna prueba de separación previa con otros familiares o amigos para trabajar esta separación de forma progresiva.

También desde la escuela, el maestro tendrá una actitud especialmente de acogida, de cariño, de escucha activa donde el niño pueda reconocer, expresar y compartir sus emociones. Es importante que el maestro esté pendiente de señales que pueda comunicar el niño para atender en todo momento sus necesidades. Así, podemos encontrar señales de:

Satisfacción: suponen acercamiento hacia el estímulo y se retroalimenta, intentando encontrarlas en otras ocasiones: interés, alegría y sorpresa.

Señales de malestar: método más básico que poseen los niños para protegerse esenciales para la supervivencia: ira, asco/repulsión, miedo, vergüenza y tristeza.

Otras emociones serían felicidad, satisfacción y frustración.

Además de con la figura de apego y el maestro, el niño también comienza a relacionarse con otros niños de forma progresiva (sobre todo, al comenzar la etapa escolar) y podemos analizar cómo es su relación con ellos según su edad.

- De cero a 1 año tratan a otros niños como juguetes que exploran sin mostrar todavía interés por ellos más allá de la interacción.

- A partir de 1 año comienzan a observarse conductas más sociales, aunque dependerá de cada niño.

- De 2 a 3 años necesitan estar en contacto con los otros niños y prefieren estas relaciones, pues se sienten más de igual a igual entre ellos que con los adultos.

Cuando hablamos de amistad en esta etapa, no podemos decir que son amigos, sino más bien compañeros de juegos momentáneos. A partir de los 4 años, el amigo será al que conoce más que a otros con unos mismos intereses y una relación bidireccional.

Cuadro resumen
Características del desarrollo en esta etapa

Desarrollo psicomotor	El sistema nervioso central del bebé al madurar permite que tenga mejor control postural, tono muscular, equilibrio, coordinación y óptimo desarrollo de la motricidad gruesa, además de ayudar a la adquisición de una correcta lateralidad y orientación espacial.
Desarrollo emocional	Es capaz de reconocer diferentes emociones y relacionar las emociones que observa en las personas con los sucesos u objetos específicos. Sentimientos de autoconciencia: timidez, vergüenza, culpa, orgullo. Requieren la ayuda de los adultos para regularlo.

Desarrollo cognitivo	Según Piaget, nos encontramos en el estadio preoperacional, de donde pasamos de la etapa sensoriomotriz (el niño solo resuelve los problemas con acciones) a la etapa preoperacional (donde estas acciones se pueden llevar a cabo mentalmente).

Con un año, el niño se da cuenta de que los objetos no desaparecen porque no los tenga a la vista. A esto Piaget le llama «permanencia del objeto». Antes de esta edad pasará de no buscar los objetos a tender a buscar el objeto donde se ha ocultado anteriormente.

Función simbólica: imitación, juegos, dibujo, lenguaje. Egocentrismo: no empático. Animismo: creencia de que los objetos tienen la cualidad de estar vivos y actuar.

Nos encontraríamos en el periodo sensitivo de:

- La marcha, la natación, el equilibrio (montar en bicicleta sin ruedines, patín, danza...).
- Psicomotricidad: arrastre, gateo, volteo, croqueta...
- Desarrollo a nivel de los 5 sentidos.
- Sensibilidad musical reconociendo de una forma intuitiva audiciones musicales.
- Nombrar objetos en distintos idiomas.
- Memorizar canciones, cuentos repetidos, rimas, retahílas...
- Adquirir hábitos básicos de orden (comida y sueño).
- Adquirir hábitos básicos de higiene como lavarse, controlar esfínteres, lavarse los dientes...
- Tienen un gran afán por ayudar desde los 18 meses.
- Gran curiosidad por conocer, necesitan tocarlo todo.
- Lo imita todo y disfruta.

Atención y memoria: a los 3 años los niños, poseen principalmente una memoria implícita, es decir, no consciente, asociada a habilidades motoras. La memoria va a depender de la intensidad, duración y frecuencia de los estímulos que le interesan. |

Desarrollo del lenguaje	De los 18 a los 24 meses: emiten 50 palabras, aunque hay un predominio del balbuceo. Capaz de usar sustantivos, verbos y adjetivos. También es capaz de utilizar los gestos para llamar la atención sobre algo deseado. Por lo tanto, el niño es capaz de realizar frases aumentando su interés por la conducta comunicativa y la repetición de palabras. De los 2 a los 3 años: utiliza alrededor de 300 palabras, aunque no a todas le da un significado. Es capaz de usar los verbos haber y ser además de utilizar correctamente el artículo determinado. Por lo tanto, su lenguaje es comprensible; domina la sintaxis de la lengua materna. A partir de los 3 años, el niño es capaz de mantener conversaciones haciendo uso de un lenguaje descontextualizado. A veces tiene problemas con los tiempos verbales y puede pronunciar prácticamente todos los fonemas, excepto los vibrantes.

PARA RECORDAR

- El niño aprende mediante la estimulación sensorial y el movimiento.

- El pensamiento del niño es concreto: el obrar sigue al desear.

- Debemos dar al niño los estímulos que necesita para crecer de forma armoniosa.

- Los juegos y rutinas son su forma de adquirir hábitos.

- A estas edades estamos en pleno periodo sensitivo del orden.

- El niño necesita espacios para mejorar su psicomotricidad.

- Háblale a tu hijo para que pueda adquirir las funciones básicas del lenguaje.

- Corrígele con cariño cuando se equivoque al hablar.

- Aprovechar los periodos sensitivos permite que el niño adquiera un hábito con más facilidad y posibilidad de éxito.

- El niño a esta edad toma conciencia de sí mismo y de los otros.

- Un apego seguro a los padres ayudará al niño a regular sus emociones.

- El niño aprende a regular sus emociones observando al adulto de referencia: su padre o su madre.

PARA PENSAR

- Piensa qué tipo de estímulos recibe tu hijo cada día y si son aquellos que más pueden ayudarle según su periodo sensitivo.

- Piensa en el tiempo que tiene tu hijo para jugar y dónde lo hace. ¿Sale a jugar al parque e interacciona con otros niños? ¿Tenemos miedo a que explore y se arriesgue a conocer sus límites en el movimiento?

- Piensa en las rutinas que queremos que adquiera y recordemos que es un buen momento para irlas introduciendo.

- Piensa en cómo le hablas a tu hijo. ¿Le contáis cuentos? ¿Os dirigís personalmente a él? ¿Corriges su «lengua de trapo»?

- Piensa en el tipo de apego (repasa para ello la parte teórica sobre los diferentes tipos de apego) que estás generando en tu hijo. ¿Cómo puedes ayudarle a lograr un apego seguro?

- Piensa en cómo expresas tus emociones delante del niño. ¿Podemos ser un ejemplo de autocontrol para él?

- Repasa el cuadro resumen de las características del desarrollo del niño.

BLOQUE IV
DE LA TEORÍA A LA PRÁCTICA: SITUACIONES COTIDIANAS

Qué importante es adelantarse a las dificultades que puedan ir llegando. Como decíamos anteriormente, no ir por la vida apagando fuegos, agobiados, dando la sensación de que la vida nos puede y que estamos superados por las diferentes situaciones descontroladas que podemos vivir en casa con nuestra familia.

Para ello tenemos que trabajar la educación positiva, que no es más que basarse en la observación, no fijarse tanto en el problema que tenemos de forma inmediata, sino buscar la causa para poder corregirlo desde su origen.

Siempre se ha dicho que no hay recetas mágicas, no hay reglas de oro que valgan para todas las familias. Efectivamente, cada familia vive una situación concreta, por lo que hay que trabajarlo desde esas circunstancias. Debemos personalizar la educación.

*En educación no hay «recetas mágicas».
Son el padre y la madre quienes
adaptan los consejos a su realidad.*

Hace unos meses, mi hermana pequeña me pidió que la ayudara a aparcar el coche en un parking porque se acababa de sacar el carné de conducir y todavía se mostraba insegura.

Me di cuenta de que intentaba memorizar los pasos a seguir a la hora de aparcar el coche. Es verdad que siempre son parecidos, pero nunca se repite la misma situación. Le aconsejé que se situara en el espacio, que mirara por los espejos retrovisores, a la derecha y luego a la izquierda, y que planificara lo que debía hacer poco a poco para aparcar el coche.

De la misma forma, si queremos aplicar estrategias y recursos de asesoramiento familiar, lo primero que debemos observar es cómo es nuestra familia, cómo nos relacionamos en pareja, cuál es el trato que damos a nuestros hijos, cómo nos comunicamos en casa, cuál es nuestro estilo o modelo educativo a la hora de educar.

Partiendo de esta evaluación de la dinámica familiar, conoceremos cuáles son nuestros puntos fuertes, puntos a mejorar y aquello que nos preocupa. Si, por ejemplo, lo que nos preocupa son las rabietas de nuestro bebé de 2 años, vamos a estudiar por qué se producen.

Observaremos el momento en el que se producen y su frecuencia. Si vemos que ocurren justo antes de la comida o de la cena, posiblemente tenga hambre, provocada por un descenso del nivel de glucosa en sangre, lo que hace que se agote, se bloquee y se encuentre más irritado. Aunque sea un niño tranquilo, acaba provocándole las famosas rabietas, difíciles de controlar y más a la hora de la comida, por lo que complicamos este momento. La solución será adelantar la rutina de la comida. De esta forma conseguiremos evitar la rabieta previa a la comida, conseguiremos que este momento sea más re ajado y podremos trabajar la autonomía y que aprenda a comer de todo.

Nos podría pasar igual con la siesta. Los niños hasta los 3 años necesitan de esa siesta para completar sus horas de sueño. La gran mayoría, si no la duermen, pasan tardes más agitadas. Por lo que tendríamos que preocuparnos de que el niño la duerma, aunque le cueste al principio. Es importante, por tanto, ir al origen de las dificultades.

Para que la labor educativa sea mucho más eficaz, padre y madre deben ir en la misma dirección, compartiendo el mismo estilo educativo. Está demostrado que, cuando el padre y la madre no comparten la misma forma de educar y no concretan las mismas normas y límites, los niños hacen lo que más les conviene, además de ir quitando la autoridad al otro. Por lo tanto, es necesario poner en común, hacer previamente los deberes y pensar cuáles son los límites que queremos para nuestros hijos, los que creemos que les van a ayudar a crecer y con los que ellos se van a sentir seguros. Sin olvidar que la exigencia y el cariño siempre van de la mano, hay que distinguir las conductas de las personas. El niño tiene que saber que sus padres le quieren por encima de todo aunque haga cosas mal. Lo que se critica no es a la persona, sino la conducta.

Los padres debemos ir en la misma dirección si queremos tener éxito.

Tenemos que partir de que como padres somos imperfectos, no podemos pretender tener una familia perfecta, un trabajo perfecto. Esto hace mucho daño y puede frustrar con frecuencia a los padres, por lo que el primer paso que debemos dar es aceptar nuestras debilidades, carencias y no pensar que podemos con todo. Este pensamiento nos va a dar mucha paz. Antes de que les vengan estos pensamientos frustrantes, los padres deben hablar sobre cuál es la escala de valores que prefieren. Valorar si prefieren tener la casa perfecta o pasar tiempo con los hijos, de forma que vayan construyendo su propia escala de valores que les ayude a conseguir ese equilibrio, que será propio de su familia y diferente al de otras.

Es recomendable también tener en cuenta que las circunstancias pueden ir cambiando a lo largo del proyecto de vida familiar y que podemos y debemos pedir ayuda si lo necesitamos en momentos concretos. Esto puede materializarse en tener a alguien que ayude en casa en las labores domésticas de manera continuada o en un momento muy necesario y puntual.

Antes de ponerse a trabajar en las situaciones cotidianas que se describen, debemos pensar que una familia, aunque sea numerosa, no es un cuartel, y no se puede ser rígido a la hora de vivir las rutinas que se describen. Hay que mantenerlas en la medida de lo posible, pero con naturalidad y normalidad, adaptándonos a las diversas circunstancias que se presenten.

Seguro que conocemos familias con varios hijos y nos puede sonar el comentario de «mismos padres, misma educación», pero cada hijo es de una forma diferente. Cada niño es una persona distinta, por lo que la educación necesita ser personalizada y exclusiva para cada hijo.

Piénsalo antes de usar la «receta» de otros o la que aplicaste con el hermano mayor. Un ejercicio interesante para marcar objetivos sería pensar 3 cosas que nos gustaría mejorar no solo en nuestros hijos, sino en nuestra propia familia, con respecto a eso que se quiere trabajar. Es bueno tener una perspectiva de objetivos grandes, para los que el sueño, las rutinas, comer de todo o lo que sea son pequeños pasos en esa dirección. Podemos hacer un diario durante una o dos semanas para que nos ayude a analizar determinadas situaciones antes de plantear un plan de acción. Que un niño se despierte con un terror nocturno una noche no tiene que llevarnos corriendo al psiquiatra infantil… «Un grano no hace granero», dice el refrán. Es importante aprender a distinguir un hecho aislado de unos síntomas frecuentes que deben ser comentados al pediatra.

Se puede profesionalizar el problema o lo que preocupa en nuestros hijos. Para ello, papel y lápiz. Es bueno anotar esas cuestiones, hablarlas en pareja buscando los diferentes puntos de vista que uno y otro aportamos desde nuestros distintos puntos de vista. No buscar «culpables» ante lo que no va bien, sino modos de afrontarlo y de solucionarlo. De ahí surgirán los planes de acción que se explican en el último bloque referidos a nuestros hijos.

Un plan de acción, de modo sencillo, se compone de varias partes que se anotarán para un mejor control de nuestra labor educativa y para ayudarnos a tenerlo todo más claro. Del mismo modo que en nuestro trabajo planteamos qué queremos hacer, cómo lo haremos y valoraremos los resultados que vamos obteniendo, un plan de acción educativo debe primero describir la situación de partida que queremos trabajar, qué objetivos pretendemos lograr con ese plan de acción y pensar los medios que utilizaremos para conseguirlo. Dentro de esos medios, cobra especial interés la motivación. No rendimos y ser constantes en el seguimiento son clave para el éxito. Anotar la historia de lo que va sucediendo nos permite conocer cómo el niño ha ido mejorando y cómo se ha ido acercando a los objetivos propuestos. Por último, anotamos hasta qué punto se ha logrado la mejora personal del niño en el resultado del plan de acción.

Cada cosa, a su tiempo: las mejores rutinas

Cuando hemos hablado de normas y límites, hemos dejado fuera propiamente las rutinas que aportarán seguridad y organización. Los adultos tenemos también nuestras rutinas, que hemos ido adquiriendo a base de repetición al conducir, asearnos o en el trabajo. Esas rutinas nos aportan un entorno predecible y manejable, donde podemos relacionarnos con seguridad.

El niño a esta edad comienza a adquirir esas rutinas que para él serán su entorno seguro: la hora de levantarse o acostarse, las comidas, el aseo personal. Saber qué tiene que hacer en cada momento fomenta en el niño las virtudes y evita luchas de poder entre los padres y los hijos: lo que hay que hacer se hace.

Lucía lleva ya unos meses en la Escuela Infantil con sus casi dos años y aparentemente todo va de la manera esperada, ya que la niña se ha adaptado muy bien y va

muy contenta al colegio. Sus padres, Marta y Joaquín, es-
tán encantados con la escuela y confían en la profesora.
Esta les ha llamado para tener una tutoría y allí acuden
los dos encantados. Son unos padres jóvenes, con profe-
siones liberales (Marta es concertista y Joaquín, aboga-
do) y una vida social muy ajetreada, pero por eso mismo
tienen una libertad de horarios que les hace adaptarse
bien a los cambios. La profesora enseguida va al grano y
les dice que le preocupa que Lucía se muestre tan cansa-
da por las mañanas y que se duerma en las actividades
que tienen (ya no duermen siesta por la mañana) o que
cueste mucho que los lunes realice rutinas de vestirse o
de higiene que el viernes hacía ella sola y que reclame
que se lo hagan. Marta y Joaquín se miran y es ella quien
interviene primero: «La verdad es que, como sabes, nues-
tra vida es un tanto cambiante en cuanto a horarios y
hay tardes en las que tengo concierto en las que la niña
se viene conmigo y duerme en el carrito hasta que a la
salida de su trabajo Joaquín pasa a recogerla y le da la
cena y la acuesta». Joaquín interviene ahora para comen-
tar que «con respecto a las cosas que dices que hacía, la
verdad es que ahí tengo yo algo más de culpa. La niña
se empeña en vestirse sola o en comer ella sola pero,
como vamos siempre justos de tiempo, pues termino por
hacerlo yo para no llegar tarde». Marta añade: «Es cierto
que nos habéis dicho que son importantes las rutinas de
la tarde y los horarios para que no esté cansada y que

para su autonomía debemos dejar que haga las cosas ella sola, pero creo que la vida termina por podernos». Joaquín se muestra un poco pensativo y concluye: «Quizá los días de concierto puedo tratar de llevarme trabajo del despacho a casa y, como habría que acostarla pronto, terminar el trabajo en casa». «Y el fin de semana y por las mañanas organizarnos para que no tengamos el tiempo tan justo y así Lucía puede vestirse sola», termina Marta, «aunque tendremos que aguantar las ganas de hacerlo por ella». La profesora les sonríe y piensa que «adaptarnos a las rutinas de los niños a veces nos cuesta más a los padres que a los niños».

Partimos de unos padres jóvenes y con iniciativa. La tutora, en este caso, plantea la dificultad que encuentra y rápidamente los padres buscan otras alternativas a la hora de organizarse por las tardes.

Parece difícil, pero en ocasiones hay otras opciones. Cuando el padre y la madre trabajan fuera de casa, hay que procurar que uno de los dos en la medida de las posibilidades se encargue de los hijos.

En este caso, si la madre trabaja por la tarde, es el padre el que se puede encargar. Para recuperar la tranquilidad, por la tarde necesitamos trabajar el orden y el tiempo, marcando rutinas que le den estabilidad y seguridad a Lucía.

Esto ayudará a que la niña tenga el tiempo suficiente para trabajar su autonomía personal en los distintos momentos antes de irse a dormir.

Podemos apoyarnos en pictogramas para hacer partícipe también a Lucía de las diferentes rutinas de la tarde que va a vivir: merienda, parque, baño, ponerse el pijama, cenar, cepillarse los dientes, cuento y a dormir.

Aquí estamos trabajando 4 hábitos básicos: higiene, vestido, alimentación y descanso. Cuando hablamos de higiene, nos referimos a lavarse las manos solo, cepillarse los dientes y peinarse, dependiendo de la edad, el control de esfínteres… cuando trabajamos del hábito de vestirse solo, nos referimos a enseñarle a ponerse el pantalón, los calcetines, abrocharse y desabrocharse botones, guardar la ropa en el lugar adecuado… En cuanto a la comida, nos centraremos en la iniciación de la alimentación semisólida y sólida, en enseñarle a comer solo, beber solo de un vaso, usar los cubiertos, transmitirle buenos modales en la mesa, comer de todo y aprovechar para implicarle en este aspecto dándole pequeñas responsabilidades, como poner y quitar la mesa según su edad.

En cuanto al sueño, conseguir estas rutinas previas le ayudarán a conciliar el sueño de una forma tranquila y segura.

Por lo tanto, Marta y Joaquín deben concretar cómo van a llevar a cabo estas rutinas. No vale que Joaquín lo transmita de una forma y Marta, de otra. Los dos deben ir a una y, como veíamos, exigirle a Lucía según su edad. Y tener clarísimo que todo lo que pueda hacer Lucía lo hará ella, evitando la tentación de suplantarla en esa tarea. Aunque al principio necesitamos armarnos de paciencia y dedicación, a la larga merecerá la pena. Lo mejor será que no note nuestra posible ansiedad e impaciencia.

No suplantemos al niño en sus tareas: lo que pueda hacer él, no lo hagamos nosotros.

Para trabajar estos hábitos, puede ayudar el buscar momentos del día en los que no haya prisas o la niña se encuentre cansada o con hambre. De esta forma estamos dándole la oportunidad de que aprenda ciertas destrezas. Trabajando la autonomía personal, Lucía se sentirá más segura a la hora de realizar otras tareas, ganará en autoestima porque será consciente de que es capaz de realizar pequeñas tareas y de alcanzar pequeños logros. Además se impulsará la responsabilidad, la capacidad de elección y la iniciativa.

Es importante desde el principio motivar a Lucía para que quiera ponerse el pijama ella sola. Para ello le diremos que se ha hecho mayor, que puede hacerlo, dándole instrucciones cortas y verbalizando los pasos que tiene que dar.

Al principio lo haremos con ella, haremos de modelo para que Lucía se fije en cómo lo hacemos poniéndole el pijama y descubriendo los movimientos que hacemos lentamente, después dejaremos un tiempo para que tenga la oportunidad de intentarlo varias veces.

Es importante tener paciencia y respetar el tiempo que necesita y poco a poco nos distanciamos para que sea ella la que lo haga de una forma autónoma. Nosotros estaremos ahí para ayudarla cuando lo necesite. En el caso de que no quiera hacerlo, valoraremos si lo que le estamos pidiendo está fuera de su alcance o si no lo quiere hacer por comodidad.

> *Darle autonomía no es dejarle solo,*
> *sino acompañarle en su aprendizaje.*

Hay juguetes educativos (tipo Montessori) que pueden servir para el aprendizaje de ciertas destrezas, como abrochar un botón, cremallera o velcro.

En la mayoría de los casos, los niños quieren contentar a sus padres, por lo que aprovecharemos esta motivación intrínseca. Como hemos visto, se trata de elogiar cualquier mejora que haya conseguido. No hace falta que lo haya hecho perfecto para felicitar el esfuerzo y lo bien que lo ha hecho. Aprovechemos estos años para fomentar su autonomía personal, ya que están en el mejor periodo sensitivo para lograrla.

Para favorecer la comprensión auditiva y del lenguaje, podemos leerles cuentos y realizar preguntas al respecto, darles instrucciones verbales, jugar a las adivinanzas con descripciones verbales sencillas del tipo: «¿Qué les gusta comer a los perros?» o «¿Quién tiene plumas, pico y vuela?», graduando el nivel de dificultad progresivamente. También podemos proponerles, para que los detecte, absurdos del tipo: «Como sopa con un tenedor» o «Me he duchado en la cocina». Es bueno seguir verbalizando lo que hacemos y anticipando lo que va a ocurrir para favorecer la comprensión.

Para favorecer su desarrollo comunicativo y lingüístico, es bueno animarles a realizar descripciones verbales, proponerles que cuenten un cuento conocido y corto, que canten una canción, que imiten a un personaje de un programa de televisión, que expliquen a otro niño cómo se hace algo que sepan hacer bien. Invitarles a decir palabras que empiecen con... o que sean de una categoría semántica determinada. Pueden explicar una acción con gestos (mimo), completar frases, pronunciar una misma frase variando las entonaciones y repetir rimas sencillas.

Para ayudar a la discriminación auditiva y segmentación silábica, algo muy necesario en lectoescritura: se les puede hacer escuchar sonidos grabados e identificar y nombrar qué suena, escoger la imagen que corresponde al sonido escuchado. Si escuchan con los ojos tapados un sonido de un instrumento musical, luego, al abrir los ojos, pueden elegir el instrumento que creen que ha sonado; identificar si dos palabras que suenan parecido son iguales (pata/lata); dar una palmada cuando escuchen una vocal o consonante en una palabra; jugar a descubrir los sonidos de la realidad; dar una palmada por cada sílaba de una palabra; discriminar las letras de su nombre.

Periodos de adaptación para un apego seguro

El apego seguro se produce cuando se da una relación positiva y de confianza en el niño hacia sus cuidadores basada en el cariño, la confianza y atención a sus necesidades. La mayor parte de los niños son capaces de desarrollar ese apego de forma satisfactoria no haciéndose dependientes de la figura de apego, sino logrando una seguridad hacia ella que le permita ser autónomo y explorar el entorno que le rodea sin ansiedad. Aun así, es normal que en estas edades sufran episodios de «ansiedad de separación». aunque, si hemos logrado en el niño un apego seguro, esos episodios serán breves y de baja intensidad. Los periodos de adaptación (a la escuela, a separarse de la madre para ser cuidado por otro adulto, como los abuelos) nos ayudan a que el niño sea capaz de lograr ese apego seguro ante la nueva situación que se le presenta.

Marisa ya tiene preparado a su bebé para el primer día de clase. No sabemos si está más nerviosa ella o el niño, que parece ajeno a lo que va a suceder. Luis es un bebé que tiene ya 8 meses, y por primera vez va a separarse de sus padres para ir a la escuela infantil. Marisa lo ha preparado todo con primor: los pañales, el cambio de muda, las toallitas y el chupete de repuesto. Mientras viste al bebé, una pequeña lágrima cae por su mejilla: ha sido tan corto el tiempo que ha pasado con él y ya tiene que dejarlo en un ambiente extraño. ¿Se adaptará bien a la clase? ¿No será demasiado pequeño para ir ya a la escuela infantil? Pero el caso es que ya no hay remedio, Marisa tiene que incorporarse al trabajo y el niño tendrá que empezar a ir a la escuela.

Es un centro muy preparado y con muy buenas referencias. Marisa y Antonio fueron a visitarlo y les pareció que la profesora era muy amable y con mucha experiencia. Nada podría salir mal. Entonces, ¿por qué se sentía tan mal por dejar a Luis allí toda la mañana?

Hoy, al llegar a la escuela, Marisa coge al niño en brazos y la mochila y se dirige hacia el aula donde tiene que dejar a Luis. Al dejarlo en brazos de su profesora, Luis se ha puesto a llorar desconsoladamente y a Marisa le ha dado un vuelco el corazón. La profesora le ha dicho que no se preocupe, que se le pasará en un rato en cuanto no le vea. Pero Marisa baja las escaleras con un nudo en el corazón y en el estómago. Pero en cuanto abre la puerta *de la calle, ya no se oye llorar a Luis. ¿Tan pronto se ha hecho a jugar con el resto de niños o con la profesora? ¿Quizá no debía haberse preocupado tanto?*

Lo que le sucede a Marisa lo hemos pasado todas las madres al dejar a nuestros bebés e incorporarnos al trabajo. Es una mezcla entre culpabilidad y miedo a que el niño no se adapte. Es cierto que hay ocasiones en las que al niño le cuesta más adaptarse al cambio pero todos los niños lo hacen, ¿verdad?

Los profesionales de la educación solemos dar unas pautas a los padres para ayudar al niño y a la familia a lograr un apego seguro y que la adaptación a nuevos ambientes fuera del círculo padre y madre sea lo más rápida para todos. (Estas orientaciones han quedado plasmadas en el bloque anterior).

Hoy el niño cambia su entorno habitual más cercano, donde se siente protegido y donde es el centro de atención y es importante hacerle fácil este cambio. Por eso se plantea desde la escuela infantil lo que se llama periodo de adaptación, con la finalidad de que el niño consiga ser feliz en este nuevo entorno potenciando entre todos los profesionales que allí trabajan un ambiente de seguridad y tranquilidad.

El periodo de adaptación pretende lograr que el niño sea feliz en un ambiente de seguridad y tranquilidad.

Se facilita conocer el espacio del aula mediante juegos. Sentir seguridad y confianza a lo largo del día reforzando su autoestima. Pasarlo bien e interesarse por los otros niños. Buscar el contacto y relación con el adulto. Expresar sus sentimientos. La actitud de acogida por parte de los profesores es muy importante.

Para alcanzar estos objetivos se programan desde la escuela infantil unas actividades y juegos que favorecen la adaptación de los niños, como pueden ser escuchar cuentos, bailar canciones, rasgar papel, ensartar letras, moldear plastilina... actividades que a su vez sirven para informar de lo que saben hacer, cómo lo hacen y lo expresan y evaluar también el nivel de la clase.

Es normal que, en este periodo, el niño manifieste algunas conductas, como llorar, alteraciones del sueño y de la alimentación, manifestaciones de agresividad, rabietas, celos... es la manera de manifestar esta situación nueva, no hay que asustarse. Es cuestión de tiempo.

Para que todo sea más fácil, la actuación de la familia en estos días debe ser:

- Despedidas breves al dejarle en la escuela infantil.

- No quedarse en las ventanas o puertas de entrada para no crear ansiedad a los niños.

- Que no tengan la sensación de abandono, basta despedirse con un beso.

- Ojo a las lágrimas de los padres. Es importante dejarles en el aula con seguridad y alegría, transmitiéndoles la confianza de que se quedan en un sitio seguro, aunque como padres salgamos de la escuela infantil los primeros días con el corazón en un puño.

- El periodo de adaptación no tiene una temporalidad fija. Es decir, no se llama periodo de adaptación al primer día de clase, sino a un tiempo indeterminado, que dependerá de cada niño, aunque la finalidad de la escuela infantil es que sea lo más breve posible.

- El maestro debe conocer muy bien a vuestro hijo desde el primer momento, por lo que es muy importante que le comuniquéis cualquier situación relevante para que pueda atender sus necesidades desde el primer día.

Debéis confiar en los maestros y maestras de educación infantil, que son profesionales de la educación, han realizado estudios que los califican para ello. Los consejos y orientaciones que os faciliten son relevantes y no pueden equipararse a lo que opinen amigos y familiares que no sean expertos.

El control de esfínteres

Controlar los esfínteres supone el paso de un acto reflejo que libera la micción a un control voluntario de la misma. Es un proceso madurativo que se adquiere, no es propiamente aprendido y requiere que el niño haya alcanzado esa capacidad, por eso, hablar de una edad exacta en la que el niño «debe» haber alcanzado esa capacidad no es fácil de determinar. Normalmente se inicia sobre los 18 meses cuando empiezan a ser capaces de reconocer cambios en su cuerpo en el momento de «hacer pis o caca» y suelen haberlo adquirido a los 36 meses, aunque, como decimos, puede ser un poco antes o después. Algunos requisitos que debe tener el niño serían: un desarrollo motor con la habilidad de caminar, un desarrollo cognitivo que le permita comunicar sus necesidades básicas y tener un interés por usar el baño e imitar a los adultos. Además, el niño debe sentirse incómodo con el pañal sucio y transmitir esa incomodidad a sus padres y permanecer algunas horas de sueño en la siesta o por la noche seco. Si el niño cumple estas señales, podemos deducir que comienza a estar preparado para la retirada del pañal.

Laura está trabajando en el ordenador y su hija Anita se acerca a ella quejándose: «Mamá, tengo caca en el pañal». Bueno, algo parecido, porque con su lengua de trapo es lo que se llega a entender. Efectivamente, la niña ha manchado el pañal. Laura se da cuenta de que esto es muy repetitivo: la niña hace sus necesidades en el pañal y así como antes podía seguir jugando sin que nada de eso la alterase, ahora le molesta estar sucia y pide que le quiten el pañal mojado o sucio. ¿Habrá llegado el momento de que la niña pueda pedirlo ella sola? Es verdad que tiene ya 18 meses, pero ¿no es demasiado pronto? Laura decide hablarlo con Alberto esa misma noche. «Creo que Anita podría estar preparada para quitarle el pañal. Cada vez que lo mancha viene llorando a que se lo cambie y, además, pasa mucho tiempo entre cambio y cambio», comenta Laura. «Ufff, ahora que nos vamos de vacaciones, no sé si es el mejor momento para estar detrás de ella por si se le escapa», replica Alberto. La verdad es que los dos tienen muchas dudas y Laura no sabe a qué atenerse: por un lado, es verdad que el pañal es muy cómodo y más cuando vas de vacaciones, porque estar en una terraza y que de repente a la niña se le escape y haya que cambiarla es un poco molesto.

Pero, por otro lado, en verano estamos más relajados y además en el pueblo se puede ir con una braguita y un pantaloncito muy cómodo. ¿Qué hacer entonces? ¿Le quitamos el pañal o esperamos a la vuelta en septiembre?

El caso de Laura es muy habitual. Es uno de los pasos que permiten que los niños pasen de bebés a niños propiamente. Lograr el control de esfínteres es un gran paso en su autonomía: ya no van a depender de papá y mamá para hacer sus necesidades más básicas. Los signos que nos indican que pueden estar preparados para dar ese paso los podemos observar en el día a día de nuestro hijo: el pañal permanece seco durante mucho más tiempo, si lo mancha, se queja casi inmediatamente y quiere imitar a papá y mamá al ir al baño. Si los padres observan algunos o todos estos signos en su hijo, quizá deban empezar a plantearse ir retirando el pañal.

Lo primero que hay que plantearle al niño son las razones por las que le quitamos el pañal: «Ya te estás haciendo mayor igual que papá y mamá» o «tus hermanos mayores ya no llevan pañal», «tú ya eres mayor y puedes hacerlo igual». Es muy importante transmitir confianza y seguridad al niño en el paso que va a dar y acompañarle en todo momento. Hay que acompañarle al baño y enseñarle el lugar donde debe hacer sus necesidades. Quizá habrá que comprar un adaptador para el retrete o bien ver si se siente más cómodo facilitarle un orinal. Tiene que ser un acercamiento atractivo para el niño de manera que lo vea como un juego, que a esta edad es la mejor manera de aprender.

Una vez le retiramos el pañal, debemos ayudarle para que tenga éxito y vea que es capaz. Cada poco tiempo (cada hora y media o cada 2 horas) podemos recordarle si tiene ganas de ir al baño y sentarle en el orinal o en el inodoro con adaptador, porque es muy probable que jugando se distraiga, sobre todo al principio.

Es importante restar importancia
a los fracasos y potenciar cada
éxito del niño: refuerzo positivo.

Si va al baño y no hace nada, le animaremos diciéndole que no se preocupe, que vuelva a jugar y lo intentaremos un rato después. Cuando logre hacer sus necesidades en el orinal, le felicitaremos efusivamente, para indicarle que es capaz de hacerlo como los mayores. Es un refuerzo positivo que le hará motivarse y querer repetirlo. Se trata de crear unas rutinas coincidentes con sus momentos habituales para hacer sus necesidades. Un plan de acción podría ser pegar pegatinas cada vez que pida ir al baño y al final de la semana premiarlo con una actividad que le guste.

Evidentemente ocurrirá que al niño se le escape alguna vez. En esos momentos tenemos que mantener la calma y no regañarle. Estamos aprendiendo y se habrá escapado de forma inconsciente. El niño de estas edades siempre quiere satisfacer a sus padres y hacer bien las cosas para que estén contentos con él. Sus pequeños «fracasos» deben ser un punto de apoyo para motivarle a hacerlo mejor.

En estos casos, lo mejor es pedirle su colaboración para recoger lo manchado y siempre con una sonrisa y quitando importancia al hecho.

Con respecto al mejor momento para iniciar este proceso de control de esfínteres, el verano suele ser un buen momento, ya que el niño lleva menos ropa y es más fácil tanto cambiarle como que pueda quitársela en el orinal. Ahora bien, si en ese momento vamos a estar con familiares, amigos en un lugar diferente al hogar, quizá debamos esperar a la vuelta, ya que habrá muchas distracciones y un lugar no conocido por el niño.

Las rutinas deben adquirirse en un entorno conocido y que el niño comine. La presencia de abuelos, tíos, primos no es el contexto más idóneo para que el niño pueda adquirir el hábito de ir al baño porque necesita tranquilidad y unos momentos donde estar solo para hacerlo. Al principio, el niño estará acompañado para ir al baño por papá o mamá pero poco a poco iremos dejando que esté solo, distraído con algún cuento o incluso jugando con algún juguete.

Durante el día, el niño irá sin pañal para que se acostumbre a no llevarlo y, si se le escapa, sea más consciente de ello. Muchas veces estará jugando o distraído y preferirá no interrumpir sus juegos, por eso se recomienda preguntarle con frecuencia y crear la rutina de sentarle cada hora y media o dos horas hasta que se cree el hábito. Podemos cambiar el pañal directamente por un calzoncillo o braguita que elija. Hay que hacerle siempre partícipe de su crecimiento y poder elegir con él o ella por qué prenda va a cambiar el pañal, le ayudará en el proceso.

El tiempo que pondremos al niño en el orinal no será más de 5 o 10 minutos cada vez y siempre debemos hacerlo (independientemente de los intervalos que hemos hablado) después de sus comidas. Podemos darle a beber mucha agua para que se estimulen los esfínteres y las ganas de ir al baño y evitaremos los alimentos que endurecen las heces, ya que podría asociar el ir al baño con dolor, lo que le retraería en su uso.

Si el momento que hemos decidido para retirar el pañal nos permite hacerlo, es muy conveniente coordinarse con el centro escolar al que el niño acude. De ese modo tendremos más información de sus rutinas y seguiremos las mismas pautas en casa y en la escuela. Además, ante cualquier dificultad que encontremos tendremos la ayuda de los profesionales que trabajan con nuestro hijo.

Una de las cosas que suelen precipitar la decisión de retirar el pañal son las comparaciones con otros niños. El hijo de la vecina que tiene casi la misma edad ya va sin pañal y el nuestro no y eso puede motivarnos a forzar la decisión de retirarle el pañal. Pero ese no es un criterio que deba seguirse en educación. Cada niño tiene sus momentos en los que está preparado para los cambios.

Todos estos consejos los vamos a seguir durante el día y por la noche le pondremos un pañal tipo braguita hasta que durante varios días consecutivos se levante seco (15 días sería una referencia orientativa). Se calcula que aproximadamente el 75% de los niños logra controlar los esfínteres por la noche sobre los 4 años.

Por tanto, no debemos alterarnos si nuestro hijo no controla los esfínteres por la noche, quizá debamos esperar y volver a empezar a contar los días, hasta llegar a los 15 días consecutivos secos.

Una de las cuestiones que más preocupan mientras estamos retirando el pañal es si podemos seguir haciendo una vida social normal. Como hemos indicado, la familia no debe supeditarse solamente a un hijo y tendremos que intentar seguir haciendo una vida normal. Por ello, si salimos con amigos o vamos a casa de los abuelos o los tíos, podemos o bien ponerle una braguita-pañal o bien ir provistos de las mudas adecuadas. Ante todo, es bueno no alterarse, tener tranquilidad y buen humor porque estamos ante uno de los momentos importantes y especiales en la autonomía del niño y este debe recibir el mayor apoyo posible por parte de sus padres.

> *Debemos ir provistos en las salidas sociales con todo lo necesario para las emergencias y mantener el buen humor.*

¿Y si parece que el niño ya lo controlaba y hemos empezado a tener *escapes* de repente? Esto es algo que ocurre muchas veces. En educación se denominan pequeños retrocesos. Lo primero que tenemos que hacer es analizar si hay alguna causa externa que pueda provocarlo: un cambio en sus rutinas, alguna situación familiar que haya podido alterarle o simplemente si estamos ante algún caso esporádico. En estos momentos, lo mejor es siempre mantener la calma y que el niño se sienta arropado por papá y mamá. Es muy probable que en poco tiempo el niño se adapte a esos cambios o que bien desaparezcan de manera natural.

Otra de las situaciones que pueden producirse mientras intentamos el control de esfínteres es que el niño comience a padecer problemas de estreñimiento cuando antes no los tenía. Hay que pensar, en primer lugar, si no se está agobiando por el hecho de tener que controlar los esfínteres. Si no quiere que se le escape, quizá esté aguantando demasiado y eso le lleve a no ir al baño. Puede ser bueno dejarlo solo en el orinal con un libro o algún juguete para que tranquilamente pueda hacer sus necesidades. De este modo evitamos la presencia de un adulto en ese momento y el niño puede estar más relajado. También ayuda el darle abundantes líquidos para que las heces sean más blandas o buscar el momento adecuado del día para que el niño vaya solo al baño de forma que reforcemos las rutinas de las que hemos hablado. Haga o no haga caca, no debemos en estos momentos hacerle ningún comentario ni positivo ni negativo. Normalizar la situación es la mejor manera de lograrlo. También debemos cuidar la alimentación del niño en estos casos, incorporando alimentos con más fibra.

Si en un periodo razonable de tiempo, una semana o diez días, no se normaliza la situación, lo mejor es acudir a su pediatra por si estuviéramos ante un problema diferente.

Todas estas situaciones no deben ponernos nunca nerviosos. Todos los niños logran finalmente controlar los esfínteres con normalidad, es un proceso que lleva su tiempo y es fundamental la paciencia y la perseverancia en el camino marcado.

Pensemos que en esta edad es probablemente uno de los mayores pasos que darán en su autonomía personal, equivalente a aprender a andar o a comunicarse. Que cuenten con nuestro apoyo, nuestra ayuda y sobre todo con unos padres tranquilos y con buen humor les ayudará mucho a lograrlo.

Para ayudar al niño en este proceso y saber nosotros que ya está preparado, podemos dibujar con él un sencillo animalito que tenga el cuerpo formado por 15 bolitas. Podemos explicarle que vamos a poder colorear una bolita cada vez que se despierte seco y colorear las siguientes si se despierta seco de manera consecutiva. Si durante 15 días se despierta seco todos los días de manera consecutiva y, por tanto, hemos coloreado todo el «gusanito», ya estaremos preparados para quitarle el pañal de la noche.

Felices sueños

Dormir solo es un salto importante en su crecimiento ya que supone la primera separación de su madre al salir de su entorno visible. Elegir el momento en el que el niño abandonará la habitación de sus padres para pasar a otra, bien solo o con alguno de sus hermanos, dependerá de algunos signos que se dan relativamente pronto en el desarrollo del niño: tener un ciclo de sueño establecido, que no tenga grandes problemas para conciliar el sueño o que necesite cierta independencia en sus juegos y espacios.

Nicolás tiene ya un año y Manuel y María han decidido que ha llegado el momento de que duerma en la habitación que con tanto cariño le han preparado. La camita, el cambiador, sus estanterías con el oso de peluche... todo está listo para que Nicolás tenga unos felices sueños en esa habitación. Así que la primera noche, después de cenar, le acompañan hasta su nuevo lugar de descanso. Ya le habían dicho que tenía que dormir allí y en principio se lo había tomado muy bien, pero al ir a la cama se pone a llorar y dice que no quiere dormir allí, que tiene miedo. María se queda un ratito con él y le cuenta un cuento despacio y le canta una canción hasta que parece que el pequeño Nicolás se ha dormido. María sale sigilosamente de la habitación y se dirige al salón donde Manuel le espera para cenar. Parece que todo ha salido como esperaban, y aunque ha protestado un poco, finalmente, Nicolás parece que se ha dormido. Pero, a los pocos minutos, le oyen gritar en su cuarto y Manuel va para allá para ver qué le pasa. Nicolás está llorando y gritando, diciendo que quiere ir a su cuna. Manuel le coge en brazos y lo acuna hasta que se tranquiliza y vuelve a adormilarse y lo pone de nuevo en la camita con barandilla. De nuevo, sigilosamente, Manuel se dirige otra vez al salón... pero la historia se repite y Nicolás vuelve a chillar de nuevo con más fuerza que la vez anterior. María le dice a Manuel que si «no sería mejor que esa noche ella se quede con él en la cama al menos hasta que se duerma más profundamente». Manuel no lo ve claro, sobre todo porque además apenas han podido cenar, pero finalmente cede y María se acuesta en la camita del niño pero está tan cansada que se queda dormida y solo de madrugada cuando el dolor de espalda la despierta se va a su habitación donde Manuel ha pasado la noche solo. «Bueno», se dice María, «solo ha sido una noche para que Nicolás se acostumbre a su nueva cama». Pero el niño repite su rutina de llanto y llamada de atención de los padres cada noche y al final los padres han terminado por hacer turnos de «guardia nocturna» en la habitación de Nicolás. Ya apenas duermen juntos, ya que Nicolás acapara a uno u otro progenitor cada noche. Tanto es así, que la relación entre ellos dos se está empezando a resentir. Es Manuel quien da la voz de alarma: «Así no podemos seguir. El niño tiene que dormir solo. Todos los niños a su edad duermen solos, y hay algo que no estamos haciendo bien». María también lo tiene claro, pero le da mucha pena que el niño chille de esa manera que parece que se está ahogando. Realmente, parece que lo está pasando mal, pero ¿cómo hacerlo?

¿Qué pautas seguir para que el niño duerma tranquilo y solo en su habitación?

El caso de María y Manuel es más habitual de lo que creemos: el niño (y sobre todo si ha superado cierta edad) no quiere dormir solo porque con sus padres se siente más seguro y llora o se escapa a la cama de sus padres para volver a su «entorno seguro». ¿Qué podemos hacer para ayudarles en ese cambio? Como siempre, hay que crear en el niño las nuevas rutinas del sueño que le lleven a tener un entorno seguro y armarse de paciencia y cariño. Una buena rutina podría ser comenzar con el baño, la cena y luego llevarle a su cuarto y dejarle en la cuna o camita. Llevad a ese cuarto los peluches, el móvil decorativo colgante o carrusel de techo y la mantita que tenía en vuestro cuarto. Todos estos son objetos con los que el niño está familiarizado. Cada uno cumple su función que deben seguir cumpliendo en el nuevo espacio.

Sentir sus objetos de apego cerca de él le ayudará a que el cambio sea más sencillo. Puedes tener un vaso de agua a mano para que beba antes de dormir, cuéntale un cuento o cántale una canción que le resulte muy familiar (o si no la tenías, quizá puedas acostumbrarle a ella) y dale un abrazo y un beso fuerte antes de dejarle solo.

Muchas veces puede que el niño pida que le dejes la luz encendida de su cuarto. No es conveniente, ya que dormir con luz dificulta el descanso y el niño debe aprender la diferencia entre el día y la noche. Es preferible apagar la luz y dejar la puerta abierta de modo que llegue una tenue luminosidad del resto de la casa. La primera vez, vete y espera. Si el niño llora y os reclama, ve y tranquilízale, pero no te quedes allí una vez esté tranquilo, abandona de nuevo la habitación. Puede que durante unos días toque «ir y venir» a la habitación del niño, pero debe saber que bajo ningún concepto sus padres se van a quedar a pasar la noche con él ni tampoco van a dejar que duerma en su cama. Si lo que pretendemos es que el niño duerma solo en su habitación, es un principio que debemos mantener: no vendrá a nuestra cama aunque a nosotros nos cueste unos días de levantarnos durante las primeras horas de la noche.

Si queremos que el niño duerma solo, no debemos ceder a sus peticiones de meterse en nuestra cama.

Puede ocurrir que el niño no sea capaz de tranquilizarse s nos vamos de la habitación, como hemos dicho, y requiera de nuestra presencia para dormirse. Es el caso en el que no hemos salido de la habitación y ya se ha levantado de la cama reclamándonos. En ese caso, podemos utilizar alguna metodología diferente: acostaremos al niño en su cama o cuna y tras darle un beso y un abrazo y darle agua, nos sentaremos cerca de él, pero no en su cama, sino en el suelo o en una silla y desconectaremos cualquier interacción con él para que se tranquilice y se duerma. Puede que quiera hablar contigo o que le cuentes un cuento... no debes hacerlo ni distraerle, sino que debe comprender que estás ahí, pero que ha llegado su hora de dormir.

Evidentemente, así leído, parece que la cosa puede funcionar enseguida y sin esfuerzo. Pero como hemos visto en otros casos, hay retrocesos y puede que un niño que dormía profundamente y de un tirón de pequeño, a los nueve meses o al año o a los 18 meses empiece a despertarse de repente por la noche. Suele coincidir con periodos de su crecimiento en los que la dependencia de los adultos va disminuyendo. Es probable que, lo mismo que ha aparecido ese despertar por la noche, desaparezca y vuelva a dormir como un lirón. El consejo es mantener las rutinas habituales y desaparecerá ese despertar nocturno. Pero si el niño no ha dormido nunca de un tirón, hay que buscar entonces técnicas para lograrlo.

¿Y qué hacemos si el niño se levanta de la cama y sale de su habitación? Aquí se puede utilizar la técnica de «quedarse en la cama».

Lo más importante es tenerlo claro por parte de los dos progenitores y ser muy firmes en la aplicación. Es conveniente que el que aplique la técnica sea el mismo progenitor que le acostó, de modo que sepa que no sirve de nada acudir a uno o a otro buscando que ceda... que papá y mamá van a una. La primera vez que se levante, cógele en brazos, y llévalo a la cama y dile algo como «Es hora de dormir, cielo» y vete de nuevo. La segunda vez, lo vuelves a acostar y simplemente le dices «Hora de dormir», y vuelves a irte. A partir de la tercera vez, lo coges, lo dejas en la cama sin decirle nada y sin entablar contacto visual con él. Hay que ser firmes y puede que unas cuantas noches tengamos que cargar al niño varias veces a su cama, pero el esfuerzo merece la pena, ya que lograremos que sepa que levantarse no le va a valer de nada y que siempre va a terminar en su cama. Terminaré por acostumbrarse a quedarse durmiendo.

¿Cuál es el mejor momento para cambiar de la cuna a la cama?

Muchos expertos coinciden en que los cambios deben ser progresivos: entenderá mejor el paso de cuna a cama cuando pueda ser partícipe de él, elegir su cama, su decoración, etc.

Al sacarlo de tu habitación (mi experiencia es que al acabar la lactancia materna o como mucho en el entorno de un año que ya duermen de un tirón y tienen menos dependencia nocturna de la madre), llévale a su cuna, y entre los dos o tres años, es hora de pasarle a la cama. Lo entenderá mejor, ya que puede elegir la cama, los peluches que le acompañarán, las luces... y se hace el cambio de un modo progresivo.

> *Que el niño conozca el entorno donde dormirá le ayudará a adaptarse mejor al cambio de la cuna a la cama.*

¿Qué son las pesadillas y terrores nocturnos que pueden aparecer al dormir solo?

Lo primero es conocer que son dos fenómenos distintos, aunque aparezcan de modo similar.

En las *pesadillas,* el niño se despierta gritando o llorando pero puedes comunicarte con él y consolarlo en ese momento. Suele coincidir con estados de ansiedad o preocupación de algo que le ha ocurrido durante el día. Analiza qué puede ser: una película que ha visto que se le ha quedado en el subconsciente, el que estemos en el periodo de adaptación de la escuela, la llegada de un hermanito... De ese modo podremos tranquilizarlo mejor y de forma más eficaz. Tómate en serio lo que te cuente sobre el sueño que ha tenido y no lo menosprecies diciéndole que es cosa de niños, tranquilízalo con palabras de cariño y amables que le den seguridad.

Los *terrores nocturnos* son muy parecidos pero sobre todo son mucho más fuertes en intensidad: el niño se despierta con un grado de ansiedad muy alto, no termina de estar despierto del todo y comunicarse con él es mucho más complicado.

Suele producirse hacia el principio de la noche mientras que las pesadillas se dan hacia el final de la misma, con movimientos convulsos en la cama y puede no responder adecuadamente a las preguntas que le hacemos.

Los terrores nocturnos pueden activarse ante un estrés muy fuerte en el niño, como puede ser el proceso de separación de los padres o discusiones habituales en casa. Aunque es cierto que los terrores nocturnos suelen producirse a partir de los tres o cuatro años de edad, si se produjeran antes, deberemos activar más las rutinas y descubrir qué puede estar activando ese grado de ansiedad.

Lo que sí puede producirse tanto en un caso como en otro es «el miedo a tener miedo» durante el sueño y que haga que el niño no quiera irse a la cama solo. Puede que ya lo hubiera logrado, pero si está pasando por un proceso de pesadillas nocturnas, es habitual que no quiera quedarse solo en su cuarto.

Si el niño tiene miedo a la oscuridad, podemos jugar a las tinieblas de la noche. En un primer momento podemos acompañarle para que se sienta seguro y a medida que avance el juego y se divierta, podemos ir retirándonos o jugar a que somos nosotros los que le debemos pillar.

Si las pesadillas o terrores nocturnos se repiten con excesiva frecuencia y están causando un grave malestar al niño de tipo físico (no descansa, afecta a su alimentación) o social (impidiendo que quiera ir a una excursión o estar con otros niños, ir a la escuela,...), debemos consultar con un especialista, que puede ser desde el pediatra habitual del niño, el orientador de la escuela o un especialista en psiquiatría infantil. Pero, no obstante, lo más normal es que sean episodios esporádicos que no tienen más importancia en la vida del niño.

¿Siesta sí o siesta no? ¿Hasta qué edad debe dormirla?

Aquellos que sufren el que sus hijos tengan dificultades para irse a dormir o para conciliar el sueño nocturno piensan que lo mejor es retirarles la siesta para que así lleguen tan agotados a la noche que se queden dormidos y lo hagan de un tirón.

Ahora bien, la experiencia nos dice que no es así en la mayoría de los casos, ya que pueden llegar tan sobre-estimulados que no lleguen a conciliar el sueño.

Hasta los 18 meses, el niño debe tener dos periodos de siesta al día: uno por la mañana y otro por la tarde tras la comida. A partir de esta edad es conveniente que por la mañana reciba estimulación de actividades diversas. Incluso puede ser conveniente adelantarle la hora de la comida (por ejemplo, en la escuela infantil suelen comer sobre las 12) para que no llegue demasiado cansado a la comida y pueda dormir su siesta vespertina. Tras la siesta de la tarde, el niño estará más relajado y tras sus juegos y rutinas podrá llegar a la cama preparado para dormir.

¿Cuántas horas debe dormir un niño al día?

Al comienzo de su vida, el niño duerme casi 16 o 17 horas al día y solamente se despierta para comer. A partir del año, ese tiempo se reduce a unas 13 o 14 horas, distribuidas, como hemos comentado, en tres periodos diferentes con duraciones distintas: unas 11 horas de noche y unas 2-3 horas en esas siestas matinales y vespertinas.

> *Respetemos los ritmos de sueño del niño para que no llegue sobreexcitado a la cama y pueda descansar.*

A los 18 meses, al suprimirse la siesta de la mañana, ese tiempo se reduce ya a unas 10 o 12 horas diarias, siendo 9 o 10 por la noche y el resto en la siesta, que durará más o menos una hora.

¿Es bueno el «colecho» o que los niños duerman con la pareja?

Desde hace años ha proliferado la tendencia llamada «colecho» o el que los niños compartan la cama con sus padres. Es una técnica más afectiva que educativa, y hasta los más firmes defensores del colecho reconocen que a los dos o tres años el niño ya debería dormir solo. En algunos casos y sobre todo cuando esta técnica se prolonga en el tiempo, es importante valorarlo, ya que se puede estar usando para minimizar algunos conflictos e incluso podría ayudar a poner de manifiesto la existencia de otros problemas que resultan muy difíciles de afrontar. [cfr. Álvaro Bilbao, «Ni Estivill ni el colecho de González. Hay otras fórmulas para que el bebé se duerma solo», *ABC,* 5 octubre 2017; Analía Emmerich (2016), *Colecho: padres que duermen con sus hijos. Una lectura psicoanalítica para una práctica en auge,* Universidad Nacional de La Plata. Argentina, VIII Congreso Internacional de Investigación y Práctica Profesional en Psicología, Buenos Aires, Argentina].

No obstante, si hemos acostumbrado a un niño a la rutina de dormir con sus padres a esa edad, puede costarnos mucho retirarla, aunque es posible y hay niños que lo consiguen solos. Muchas familias practican el colecho por un deseo de acercarse a sus hijos y demostrarles su cariño, pero si esa es la motivación principal, existen otras alternativas de demostrarles ese amor sin llegar a compartir el lecho conyugal con ellos. Es importante que el compartir cama con ellos no se haga para resolver otros problemas que se deben afrontar en su momento: pesadillas, un apego mal gestionado, ansiedad de separación... o problemas de la pareja que conviertan al niño en la excusa para no afrontarlos.

La pareja necesita su intimidad y si durante dos o tres años el niño ha estado compartiendo la cama con ellos, es difícil que esos momentos (no solo de relación y conexión sexua entre ellos) de intimidad para hablar, conversar, intercambiar pareceres se puedan producir. Puede que al principio el compartir una conexión especial con el niño sea satisfactorio, pero la experiencia nos dice que, después de mucho tiempo, tanto las herramientas que necesita el niño para su autonomía personal como la relación de la propia pareja pueden quedar seriamente dañadas.

Aprendiendo a comer de todo

La hora de la comida permite trabajar varios aspectos en el desarrollo del niño: comer de todo para adquirir una dieta variada y sana, la autonomía personal para comer solo y hábitos sociales de comportamiento con otras personas mayores que él. En el momento en el que el niño ya es capaz de manejar solo los cubiertos y permanecer sentado, podemos comenzar a introducirle en la vida de la familia a la hora de la comida o la cena. Es un hito en su desarrollo, que, como vemos a estas edades, es continuo ya que pasará de bebé a la primera infancia.

Lucas y Carmen han decidido que, como Pilar ya tiene dos años y medio, ha llegado el momento en que abandone la trona y coma en una silla con el resto de la familia. Pilar es la pequeña de tres hermanos y es vivaracha y espabilada, así que sus padres creen que es el momento adecuado para que en las cenas con el resto de sus hermanos de 6 y 4 años pueda comer en una silla un poco alta para que llegue bien a la mesa, pero ya sin la trona. Han hablado con ella y le han dicho que, como ya es mayor y come la misma comida que sus hermanos, que va a dejar la trona «que es de bebés» para sentarse en una silla «como los niños mayores». Pilar se ha puesto muy contenta y esa misma noche comienza el cambio de asiento. No puede estarse quieta y se baja constantemente de la silla, se va por sus juguetes y los pone encima de la mesa, juega con la comida y no come apenas. Lo peor es que con ello hace que sus hermanos se exasperen con ella y la cena se ha convertido en un campo de batalla. Lucas y Carmen piensan que quizá, el primer día, las emociones del cambio han hecho que el comportamiento de Pilar haya sido un tanto nervioso. A ver los siguientes días. Pero la situación no mejora, e incluso va a peor: se empeña en que le pongan la televisión de la cocina o en traer sus juguetes para comer, y si no se le hace caso o se dice que no es el momento de jugar o de ver la tele, se baja de la silla y se sienta en el suelo a jugar con las muñecas. Carmen tiene que cogerla y sentarla en la silla de nuevo, enfadarse con ella (con las consiguientes llantinas de la niña) y darle de comer porque la niña se niega a tomarse la cena tras el berrinche, terminando por darle de comer con el móvil delante para distraerla. Antes en la trona comía sola, con los dibujos puestos y algún juguete, pero el haberla pasado a silla y comiendo a la vez que sus hermanos está trastornando todo el ambiente familiar. Esa noche, una vez han logrado acostar a los niños, Lucas y Carmen comentan la situación: «Quizá es demasiado pronto para que coma en silla y con todos, ¿no?», comenta Carmen. «Con el resto de sus hermanos lo hicimos más o menos igual, pero puede que a Pilar la hayamos mimado demasiado por ser la pequeña y ahora lo estemos pagando», responde Lucas un tanto preocupado. «Pero no podemos volvernos atrás ahora, lo que tenemos que lograr es que adquiera disciplina y acepte las normas de la mesa», concluye Lucas muy decidido. «Claro, porque va a empezar primero de Infantil en unos meses y con ese comportamiento va a volver locos a los profesores del colegio», afirma Carmen. Así que la decisión está tomada y Pilar tendrá que sentarse y estarse quieta, comer sin juguetes y televisión en familia, pero ¿cómo lograrlo? ¿Va a ser una guerra cada noche que termine con los nervios de los padres?

En el caso de Pilar hay varias cosas que corregir, si queremos que la niña coma bien. Es conveniente centrarse en un punto cada vez e irlos superando uno a uno para evitar confundirla, abrir demasiados frentes y no llegar a abordarlos todos. La comida no puede ser una especie de obligación seria y aburrida, sino que hay que hacerla atractiva a los niños, pero eso no se logra con distracciones externas, como puede ser el móvil, la televisión o los juguetes, sino que hay que buscar el propio atractivo en la comida y en el momento en familia.

Si el entorno es motivante para el niño, no necesitará de estímulos externos para compartir ese momento con el resto de sus hermanos. Aunque al principio cueste porque tengamos muchas cosas en el día a día, hay que preparar ese momento de la cena familiar con mimo: implicarles en poner la mesa en la medida de sus posibilidades, un mantel o cubiertos o platos con motivos infantiles que hayan podido elegir ellos, que la silla de la pequeña esté convenientemente adaptada para que esté a la misma altura que sus hermanos y sobre todo sentarnos nosotros con ellos para participar de sus conversaciones. Con dos años también pueden pasarlo bien oyendo o participando en la medida de sus posibilidades de una comida familiar.

Aunque sea pequeño, se le puede implicar
en la vida familiar participando en ella.

Si Pilar se levanta durante la cena, tenemos que poner unas normas bien definidas y dejar claro en qué momento podrá levantarse: cuando se lo termine todo o haya comido una cantidad determinada. Podemos empezar por poner unas raciones más pequeñas o bien dejar que se levante tras comer unas ciertas cucharadas de comida. Tenemos que tener claro que a esa edad estar mucho tiempo sentados puede costarles y pretender que esté el mismo tiempo que un adulto puede ser demasiado para ella. Pero hay que ser firmes en las normas que pongamos para que ese tiempo pueda ir aumentando progresivamente y que entienda que no es algo de un día.

Así que, de momento, tenemos dos técnicas que emplear para lograr que el niño coma a la mesa en una silla con el resto de la familia: ambiente adecuado en la mesa y adaptado a su edad y normas claras y sencillas sobre levantarse de la mesa.

¿Pero y si el niño no cumple las normas y se enrabieta?

Podemos utilizar aquí la técnica (que nos sirve para muchas otras ocasiones) del «rincón de la calma» o «rincón de pensar». Se trata de apartar al niño del foco de atención (en este caso, la mesa) cuando se enrabieta para que se centre en lo que ha hecho. Al alejarse de la mesa, le estás dejando claro que no podrá participar de la cena familiar hasta que se calme y acepte seguir las normas. Normalmente, en unos pocos minutos, se calmará y podrá volver a la mesa a cenar con sus hermanos o familiares. Es importante advertirle de las consecuencias de sus actos (en este caso, levantarse de la mesa y enrabietarse) y hablar a la vuelta del rincón para explicarle de nuevo los motivos por los que estaba en el «rincón de la calma» y comentarle que, si quiere, ya puede volver con todos y hacerle ver qué ha pensado en esos minutos, para que no sea un simple irse, sino un momento de reflexión y crecimiento.

¿Y si mi hijo/a no quiere comer?

Este es un caso muy habitual, y que ocurre sobre todo al introducir nuevos alimentos. No es que no les gusten los sabores (aunque puede ocurrir), sino las nuevas texturas de esos alimentos.

Para ello se les pueden presentar de forma que los puedan manipular con las manos y llevarlos directamente a la boca con raciones muy pequeñas al principio. Hay alimentos que puede que no les gusten al principio, pero si persistimos y a las pocas semanas volvemos a dárselos, es posible que ya les gusten, sobre todo si no han tenido una mala experiencia la primera vez, como puede ser una mala respuesta por nuestra parte.

Ahora está probando y, salvo que haya algo que realmente le siente mal, no hay alimentos que rechace de forma definitiva. Si de verdad el alimento le repugna, se le notará en la cara. Podemos intentar para la siguiente ocasión disimularlo en otros guisos más elaborados, como pueda ser un estofado o una empanada. Es importante también que no sepan que a nosotros no nos gustan algunos alimentos, ya que tienden a imitarnos y, si a papá o mamá no le gustan las judías, ten por seguro que el niño dirá que no le gustan «como a mi papá».

Hay que evitar que el niño tome demasiados «picoteos» entre horas porque eso puede hacer que no quiera comer, no por la comida en sí, sino porque está realmente lleno. Las bebidas azucaradas, como algunos zumos o batidos, sacian como una comida y pueden quitarle también el apetito.

Cuidemos el tamaño de las raciones, ya que a veces nos excedemos en ellas y pretendemos que se coman todo. No necesita la misma cantidad un adulto que un niño de dos años.

Si con todo esto no logramos que coma y sigue rechazando la comida, cede un poco y permítele que se levante y deje el plato tras un número de cucharadas pactado por ti. Si lo hace, elógiale para que sepa que, ante una buena conducta por su parte, tendrá nuestra atención, pero no al revés.

Muchas veces dentro de ese rechazo a la comida hay un deseo de llamar la atención, y hacerles excesivo caso cuando no comen o no cumplen las normas en la mesa será reforzar ese mal comportamiento y las llamadas de atención. El refuerzo positivo es crucial en este caso.

El mal comportamiento en la mesa puede ser un intento de llamar la atención que no debemos reforzar.

Si sigue persistiendo en no comer, respeta su decisión, pero que sepa que no comerá nada hasta la siguiente comida. No se trata de que lo coma todo en este momento de su crecimiento, sino de que pruebe nuevos alimentos. Debemos insistir en ofrecérselo, pero sin forzarle, ya que esa mala respuesta por nuestra parte puede llevar a un rechazo total en el futuro. Es conveniente que papá y mamá lo coman también, dejarle que lo pruebe con nosotros... buscando siempre ese ambiente motivante y lúdico.

Como siempre a estas edades, es muy importante el respeto a las rutinas del niño a lo largo del día. Dormir las siestas que necesita le tranquiliza para llegar a la hora de la comida o la cena descansados, como hemos observado antes, respetar los horarios de la comidas sin retrasarlos en exceso es crucial para evitar las rabietas...

El niño necesita la seguridad que da el saber qué va a ocurrir en cada momento y llegar a la hora de la comida sabiendo que es el momento de comer y no que le pille por sorpresa. Es muy saludable incluir en las rutinas actividades físicas al aire libre que le abran el apetito, evitando el sedentarismo de tenerlo toda la tarde delante de la televisión viendo dibujos animados.

¿Y si solo quiere comer comida rápida?

Las empresas de comida basura suelen llenar de sabores artificiales y atrayentes sus alimentos para provocar la dependencia de ellos. Debemos evitarlos si no queremos hacerlos adictos a ellos. En cualquier caso, puede ayudar mucho el presentarle dos alimentos saludables que sepamos que pueden gustarle para que elija entre ellos como una especie de menú. Hacerles partícipes de su propia alimentación les ayudará también en el futuro a elegir siempre alimentos más saludables. Estamos creando hoy los hábitos del mañana en el niño para cuando llegue a la edad adulta.

¿Y si el niño solo quiere comer con una pantalla delante?

Se ha puesto muy de moda el dar de comer a los niños con la televisión o un móvil delante de ellos a modo de distracción. Aunque hay un capítulo dedicado al «chupete electrónico», conviene citarlo aquí de modo somero.

La comida tiene su propio atractivo por sí misma y es un momento que debe hacerse sin distracciones. Para ello es fundamental nuestro propio ejemplo: si nosotros comemos mientras contestamos un WhatsApp o viendo Instagram, es difícil que el niño no lo asocie a la comida. Si es pequeño y no come aún con todos, podemos emplear algún juguete o mejor una canción para distraerle. Las pantallas envían estímulos al cerebro que sobreexcitan al niño y le impiden comer o hacer cualquier actividad con tranquilidad. Es cierto que la tentación es muy grande, pero como los mejores educadores que queremos ser, debemos buscar lo que les conviene más a ellos y no lo que nos evita problemas a nosotros.

No es recomendable poner la televisión durante las comidas aunque la tentación propia de ver las noticias justo a esa hora sea muy grande, pero debemos entender y valorar por qué. La comida es un momento educativo lo suficientemente importante como para dejarlo pasar y no aprovecharlo.

Buscad métodos atractivos para presentar la comida: colorido, formas, cubiertos infantiles o platos de su personaje favorito al que ve en el fondo del plato conforme termina, forman parte del éxito de este aspecto de la etapa de nuestros niños.

Es importante comer en familia, pero, lógicamente, el horario de los niños pequeños no coincide con los nuestros y puede que ni siquiera los dos progenitores estén a esa hora en casa. La hora óptima de los más pequeños para cenar es a las 19 h o 20 h aproximadamente. Eso sí, podemos acompañarlos en la mesa, hablar con ellos o reservar el fin de semana para compartir comida o cena. Hacerlas al menos una vez a la semana en familia. Es una estupenda ocasión para fomentar la vida familiar, la conversación, y que los padres o hermanos mayores sean modelos y que se vivan los buenos modales en la mesa: pidiendo las cosas por favor, dando as gracias y aprendiendo a compartir con los demás.

Los pequeños irán poco a poco adquiriendo el uso de cubiertos (aunque es normal que al principio manipulen con las manos) viendo cómo lo hacen los padres o hermanos mayores.

La comida no es solamente un modo de mantenerse sanos e ingerir los nutrientes que se necesitan para la vida, sino que es también, y sobre todo, una escuela de virtudes la fortaleza para mantener las normas indicadas, la sobriedad para comer y beber con moderación, la amabilidad en el trato con los demás, la alegría para aceptar las contrariedades o el espíritu de servicio con el resto de miembros de la familia. Centrarse solamente en la parte «biológica» de los alimentos puede hacernos perder la ocasión de educar.

Desactivar el «chupete electrónico»

La proliferación de los dispositivos móviles como asistentes en la vida diaria ha llevado a que no se trate solamente de un teléfono, sino de un centro multimedia de entretenimiento para niños y adultos. Lo que hace años se predicaba de la televisión hoy se lleva en el bolsillo y, por tanto, siempre a mano. Las pantallas en estas edades son una tentación para los padres ya que las luces y colores son capaces de captar la atención de los pequeños y de ese modo evitar molestias en muchos lugares. Diversos organismos internacionales han alertado ya sobre los riesgos que las pantallas tienen en el desarrollo del niño: retrasos en las habilidades comunicativas y la resolución de problemas. La interacción personal del niño con otros niños y adultos permite un aprendizaje significativo y un desarrollo de aquellas habilidades que necesitará en el futuro.

Marcos tiene dos años y es un niño despierto y muy movido. Sus padres, Alberto y Sonsoles, tienen una vida social ajetreada. Es lo que tiene ser padres jóvenes y con muchos amigos de la universidad ya casados, aunque no todos tienen ya niños. A eso le sumas que colaboran en la parroquia en las actividades que hay... no paran de ir y venir y a todos lados van con Marcos, ya que no son de la ciudad y no tienen muchas posibilidades de que los abuelos puedan quedarse con él. Como es lógico, Marcos se aburre mucho y con esa edad ya no quiere quedarse sentado en el carro esperando mientras los padres están en estas actividades. El pasado lunes, en la sala de espera del Centro de Salud, Marcos estaba especialmente alterado y no paraba quieto subiéndose por los bancos, corriendo por el pasillo... y aunque Alberto trató de tranquilizarlo saliendo fuera, cogiéndolo en brazos, no había manera de que estuviese quieto. Finalmente, Sonsoles, como ha hecho otras veces ante esos comportamientos, le ha dado su móvil y le ha puesto unos dibujos animados. De este modo, con el móvil en las manos han logrado que se tranquilice. Pero no es algo ocasional, cada vez que tiene un comportamiento así en alguno de los lugares a los que tienen que acudir sus padres, Marcos pide el móvil para ver dibujos o «pintar» en la pantalla con una de las aplicaciones que la madre ha tenido que descargar para él. Alberto y Sonsoles creen que el móvil no es la mejor solución ya que así se lo han dicho en la escuela infantil, pero consiguen algo de paz y que el niño no les «monte el numerito» cada vez que salen de casa. Marcos cada vez lo demanda más y tiene una menor tolerancia a estar sin él y cada vez que entran en una cafetería, en la iglesia o en el médico lo demanda de forma inmediata, sabiendo que se lo darán antes de que se ponga a gritar. Sonsoles se está dando cuenta de que Marcos casi la chantajea con el teléfono móvil, que parece estar esperando el momento para pedírselo, pero ha entrado en una situación en la que no parece ver una salida fácil: si le

141

quita el móvil, el niño va a alterarse y le va a dar la tarde, pero por otro lado cree que no es bueno que un niño tan pequeño tenga tanta exposición a las pantallas. Alberto y Sonsoles quieren tomar cartas en el asunto y terminar con ese comportamiento, que creen que no va a ayudar a Marcos en el futuro, lo que ocurre es que andan un poco agobiados sobre qué harán para lograrlo.

Con la proliferación de los teléfonos móviles y las diversas pantallas que llevamos en el bolso, en el coche o que tenemos en casa, y las aplicaciones que se han ido creando para todas las edades, son muchos los padres que han descubierto que pueden usarlas de «chupete digital» y que sus hijos de muy corta edad se tranquilizan aparentemente en cuanto les ponemos la pantalla delante. Realmente, cuando el niño se pone a llorar porque se aburre en un «lugar para mayores» (y más en una sociedad que tolera cada vez menos a los niños en sus ambientes), la tentación es muy grande. Es comprensible que muchas familias, aun las mejor preparadas, caigan alguna vez en ello.

Pero sabemos ya gracias a la neurociencia que el niño que habitualmente está sometido a la exposición a pantallas es más irritable, con menos tolerancia a la frustración y tiene peor atención, memoria y concentración que los niños que no lo están. Los niños que están expuestos a las pantallas desde edades tempranas pueden tener alteraciones del sueño o problemas en el desarrollo del lenguaje. La atención que realiza el niño delante de la pantalla es pasiva, recibe *inputs* de luces y colores que impactan directamente en su cerebro, pero no le invitan a participar del juego, que es lo más conveniente a esa edad.

El juego simbólico (en el que el niño imita roles del adulto) le ayuda a desarrollar su imaginación, creatividad y capacidad de resolución de problemas y el móvil anula esa capacidad en el niño. Como Sonsoles y Alberto han experimentado también, el niño sometido a las pantallas recibe una recompensa por su mal comportamiento de forma inmediata, por lo que su capacidad de autorregulación no se desarrollará conformando niños más caprichosos. Al crecer sometidos a la «dictadura de las pantallas» pueden desarrollar en el futuro obesidad, alteraciones del sueño... Un niño que no ha aprendido a jugar de pequeño, a hacer ejercicio y cuya única distracción lúdica son las pantallas, es muy probable que no lo haga tampoco en el futuro.

> *Darles una pantalla cuando se comportan mal solo hará que repitan ese comportamiento para lograr «el premio».*

El hecho de que nuestros hijos deban ser «nativos digitales» no debe llevarnos a sobreexponerlos a la pantallas. Cada cosa tiene su momento. Muchas veces alabamos a nuestros hijos pequeños porque saben pasar las fotografías en la galería del móvil deslizando el dedo o manejar un videojuego con cierta habilidad como si eso fuera una destreza necesaria para su edad cuando deberían estar manteniendo el equilibrio en un bordillo o subiendo por un columpio agarrados de pies y manos. Por las neuronas espejo, el niño es capaz de hacer esas cosas en los dispositivos móviles porque nos imitan. Con esas alabanzas reforzamos su comportamiento y tenderán a repetirlas, pero lo mismo ocurre si les hacemos saltar, mantener el equilibrio o aprender a montar en bicicleta... actividades más adecuadas a estas edades.

Por tanto, debemos partir de este conocimiento: las pantallas no hacen ningún bien al niño, pero siendo como parece un medio de poder tener al niño tranquilo mientras estamos en alguna reunión, esperando al médico o en cualquier otro lugar donde debe estar lo más callado posible, ¿qué se puede hacer para vencer esa tentación de «enchufarlo» delante de la pantalla del móvil o *tablet*?

Como en casi todo en esta vida, improvisar no es una buena solución y hay que salir de casa provistos de las herramientas que podamos necesitar para entretener adecuadamente al niño en los momentos en los que lo necesitemos, presentarles alternativas al uso de las pantallas: cuentos interesantes y adecuados a su edad, pinturas y papel para que se exprese, puzles y juguetes de construcción, muñecas y muñecos que le gusten, utensilios de cocina, coches que le ayuden en el desarrollo del juego simbólico. Debemos pensar y personalizar para cada uno de los hijos lo que puede gustarles más. Algunas alternativas concretas serían, como hemos indicado: lápices de colores y cuadernos para colorear adaptados a su edad y que podemos encontrar en multitud de lugares, una pizarra magnética de esas en las que pintan y moviéndolas se borra el contenido o pasando la mano o un pañito. La plastilina es un elemento que permite que desarrollen la motricidad y la creación de formas diversas. Si ya tiene algo más de motricidad fina, las muñecas recortables a las que puede vestir de diferentes maneras, un soldado o deportista les puede atraer mucho o bien se los puede llevar recortados de casa en una cajita para que combine los distintos modelos que puede ponerles, potenciando así su imaginación y la creación de distintos personajes.

Últimamente también han proliferado los libros imantados (similares a los recortables pero sin uso de tijeras) o los de pegatinas, que pueden quitar y poner a su antojo y que pueden ser una alternativa para estar entretenidos con las diferentes posibilidades que permiten.

Los clásicos muñecos en miniatura con los que todos hemos jugado de pequeños son también una elección que nunca falla: superhéroes, dragones, dinosaurios, casitas de muñecas, polis y ladrones...

El universo del juego simbólico de los pequeños muñecos de miniatura es casi infinito y nuestros hijos podrán pasarse horas recreando las historias que viven o creando nuevas aventuras. A estas edades, los puzles les ayudan a desarrollar la capacidad espacial y la psicomotricidad, lo mismo que los juegos de inserción de piezas de madera o plástico en cuerdas, palos, etc. Si tienen piezas de colores y de diferentes tamaños y formas, podrán ordenarlas y combinarlas a su antojo.

Darles alternativas adecuadas a su edad para que jueguen: plastilina, colores y papel, coches y miniaturas...

La idea que tenemos que tener en mente es que debemos hacer el esfuerzo por darles esas alternativas en casa y fuera de ella, ser ejemplo para ellos en el uso responsable y equilibrado de las pantallas, porque de nada serviría todo esto que hemos indicado si nosotros no somos capaces de cenar con ellos sin estar pendientes del móvil o jugar con ellos tirados en el suelo, si lo interrumpimos para responder un mensaje.

Los niños son «esponjas» que absorben lo que ven de sus padres. De nosotros va a depender que en el futuro sepan utilizar las herramientas digitales como lo que son, herramientas, y no ser adictos y dependientes de ellas.

Gestionando las rabietas (normas y límites)

Conforme el niño pasa de bebé a la infancia, comienza a interactuar con alguien más que su madre y su padre. Esos primeros contactos con la realidad están llenos de frustraciones: antes lograba todo, era el centro de la vida familiar y todos estaban atentos a sus necesidades. Ahora debe compartir sus vivencias con otros niños, normas de comportamiento, la escuela, etc. Es normal, por tanto, que se frustre y además es bueno para su desarrollo. Las rabietas son la respuesta a esa frustración que debemos enseñarles a gestionar. El aprendizaje de normas y límites le ayudan a saber lo que tienen que hacer y les proporciona seguridad en su relación con el entorno.

Juan trae de cabeza a sus padres con sus rabietas. Mateo y Teresa están agotados por tener que lidiar con ello cada vez que salen de casa y al niño se le mete en la cabeza que quiere algo. No acepta un «no» por respuesta y a sus dos años y medio se muestra caprichoso y poco razonable. En casa también lo hace y muchas veces por no oírle ceden a sus demandas de caprichos en la comida o de que le presten atención pidiéndolo de malas maneras. Teresa y Mateo trabajan mucho fuera de casa aunque Teresa ha reducido su jornada para encargarse de Juan por las tardes. Al recoger al niño de la escuela ya no tiene muchas fuerzas para rechazar las demandas del niño y ceder parece la solución más aceptable. Juan pide las cosas de manera exigente y se enfada cuando no las obtiene inmediatamente. Pero, el otro día, Teresa ya se preocupó con lo que le pasó en el parque infantil con otro niño: Juan estaba en el arenero jugando a las palas y cubiletes cuando de repente le quitó a otro niño una figura molde. El otro niño quiso recuperarla y Juan se mostró muy agresivo y le pegó con la pala. Teresa se fue hacia él y le cogió en brazos para separarle del otro niño mientras le pedía disculpas a la madre que no le dio importancia («cosas de niños»), pero a Teresa la dejó intranquila y más cuando la reacción de Juan fue ponerse a llorar y repetir que el molde era suyo y que lo quería.

Teresa le explicó que era del otro niño y que él tenía otros juguetes igual de bonitos y que no estaba bien quitárselos a otros niños y menos pegarles. Juan dijo que quería ese molde y lloró y se tiró al suelo pataleando. Finalmente se fueron a casa con Teresa también muy alterada y dispuesta a hablar con Mateo esa misma noche. «Tenemos que hacer algo con las rabietas de Juan» y le contó lo que había sucedido en el parque. «No es que nos trate mal a nosotros con sus exigencias, es que lo hace ya con todo *el mundo y hasta se muestra agresivo con otros niños». Mateo también se preocupa y le dice a Teresa que «hay que mostrarse más inflexibles con el niño y no mimarlo tanto». Pero Teresa es la que está toda la tarde con él y no le parece fácil y, sobre todo, no sabe qué hacer cuando el niño le monta un escándalo cada vez que se le lleva la contraria en algo. Aunque intenta no ceder, muchas veces ante las miradas de la gente en la calle, termina por darle al niño lo que pide.*

Lo primero que tenemos que tener claro es que las rabietas son normales a partir de los 18 meses y hasta cerca de los tres. Son la respuesta normal a la frustración por las primeras negativas que el niño se encuentra. Hasta ese momento, todas sus demandas han sido atendidas pero ahora, con el comienzo de su autopercepción, el caminar y moverse libremente encuentra los primeros obstáculos a su deseo. Comienza a relacionarse con otros niños, que suponen a su vez un límite.

Por lo que la reacción natural es de contrariedad, sentimientos que no reconoce y que le hacen sentir mal. Es importante que los padres veamos las rabietas como un medio de crecimiento personal del niño y que de nosotros va a depender cómo le afectarán para convertirse en un niño con un crecimiento armónico y maduro.

Es comprensible que las primeras veces que el niño reaccione así, y más si es en un lugar público, nos produzca un sentimiento de vergüenza porque parece que todo el mundo nos está mirando. Y puede que sea así... pero nosotros estamos educando a nuestro hijo y queremos lo mejor para él, así que nos tocará mantener la calma y la firmeza en el ejercicio de la autoridad y lo que piensen los demás debe darnos igual.

¿Cómo actuar ante una rabieta?

Lo primero es saber que una vez que ha empezado no se puede evitar, pero sí hay síntomas que nos advierten de que puede desencadenarse. Los cambios bruscos de actividad, sobre todo cuando está entretenido jugando, por ejemplo, pueden bloquearle, ya que no entiende las razones. Por eso, es importante que nos pongamos a su altura y le expliquemos las razones de lo que vamos a hacer con palabras tranquilas y dándole tiempo para recoger o permitirle que se lleve algún juguete. Las prisas no son nunca buenas consejeras y los niños tienen sus propios tiempos para pasar de una actividad a otra y debemos respetarlos en la medida de lo posible. De ahí la importancia de las rutinas y de avisar con tiempo los cambios de actividad o los planes inesperados.

> *Ante una rabieta debemos mantener la calma y no ceder a sus exigencias.*

Aun así, puede haber otras causas de rabieta que hagan que se desencadene. Una de las más habituales suele darse con los caprichos en centros comerciales o en lugares a los que quiere o no ir (quedarse más rato en el parque, no irse a la cama o al baño) pero también vemos que sus demandas son cada vez más insistentes. Ante la rabieta ya desencadenada, lo primero es mantenerse firme y no ceder, ya que esto reforzará el comportamiento para que lo repita en el futuro. La «vergüenza» que podemos sentir los padres al pensar que todo el mundo nos observa debe ser expulsada de nuestra mente porque, en el fondo, todos los padres han pasado o pasarán por ello. Por tanto, la firmeza debe ser la primera premisa. Tras ella, no consentir en el niño comportamientos antisociales con otros niños o adultos. Dependiendo del entorno, podemos emplear diferentes técnicas pero que se resumen en advertir al niño de su comportamiento, alejarle del centro de la causa de la rabieta y esperar a que recapacite y vuelva a la calma.

Veamos el caso de Juan en el parque que tanto ha preocupado a Sonsoles: lo primero será estar atento a la primera señal de su comportamiento antisocial al quitarle al niño el molde y advertirle que debe pedir permiso para usar las cosas que no son suyas y respetar lo que el otro niño le diga y que, si no lo hace, no podrá seguir jugando.

Si le quita de malas maneras el juguete, deberemos alejarle de la zona de juegos y llevarle a un punto donde, aun viendo a los otros niños jugar, no pueda acercarse: el rincón o área de la calma. Hasta que esté dispuesto a aceptar las normas, no deberemos dejar que se acerque. Este tiempo le permite valorar lo que se pierde y que puede que le compense más aceptar y jugar con el resto de niños.

Si se produce por un capricho en el supermercado, debemos cogerle y alejarle del pasillo, decirle que no vamos a comprarle esas galletas por más que chille. Abrazarle y decírselo de forma tranquila pero firme. Tiene que quedarle muy claro este punto: a papá o a mamá no le importa que grite o patalee porque la decisión está tomada y no van a cambiar de opinión. Las cosas no se piden gritando. Mensaje claro y sencillo.

Tengamos claro que el final del periodo de las rabietas no va a producirse inmediatamente. Se trata de un trabajo persistente, de educar en tolerar la frustración, marcar límites y normas.

Poco a poco, como el agua que por goteo riega la planta, el niño aprenderá a aceptar que sus deseos no siempre serán satisfechos y menos de una forma inmediata y que los malos modales no son, desde luego, un ejercicio que le permita obtener lo que quiere.

De lo que estamos tratando es de educar en el respeto a la persona y a la autoridad que en la familia ejercen sus progenitores. Esto sentará las bases para la adolescencia cuando de nuevo el niño, ya adolescente, trate de lograr sus deseos por encima de la autoridad de sus padres. Pero ¿cómo logramos esa autoridad que nos corresponde ejercer?

Lo primero que debemos hacer es generar un ambiente de confianza en casa donde el niño puede decir siempre cómo se siente y respetar lo que nos diga sin menospreciarlo. Hasta sus más pequeñas cosas deben ser atendidas y escuchadas, aunque tengamos que decirle que no.

Las normas deben ser pocas y claras. El niño debe entenderlas y para ello deben ser bastante concretas. Muchas veces les decimos a los niños cosas tan vagas como «en casa de los abuelos, pórtate bien»... esperando que el niño de dos o tres años deduzca de ahí todas las normas de cortesía y educación que nosotros como adultos conocemos y ¡esperamos de él!

Dar al niño indicaciones concretas
de cómo tiene que comportarse.

Quizá sea más eficaz ser más concretos y dar las indicaciones adecuadas brevemente: «Cuando llegues a casa de los abuelos, dales un beso y pide siempre las cosas por favor». Puede que el resto de cosas no llegue esa primera vez a hacerlas, pero una vez superadas esas dos primeras, podemos pasar al siguiente nivel. Muchas normas hacen imposible el cumplimiento y, por tanto, el niño siempre desobedecerá, lo que nos frustrará. Es importante no repetir las órdenes de manera continua y buscar el mejor momento para darlas. Si el niño está jugando distraído y desde la cocina le damos una indicación para que se prepare para el baño, puede o bien que no nos escuche o que la ignore y empecemos a repetirla hasta acabar enfadados.

Con ello el niño sabrá que a mamá o papá no hay que hacerle caso hasta la vez número X, que ya el castigo se acerca.

Lo mejor es acercarse a él, lograr que nos preste atención y saber que nos ha entendido, implicándole en lo que acabamos de indicar, como pueda ser preparar el baño o poner la mesa. Es una motivación extra para el cumplimiento de las indicaciones y evitar una posible rabieta.

La autoridad es compartida por los padres, no es delegada. Para ello, dos cosas importantes que se deben evitar: no recurrir al otro cónyuge como «autoridad suprema» (el famoso «a ver qué opina tu padre/madre cuando venga») y no contradecir nunca al otro.

Se debe potenciar el prestigio del otro cónyuge en los hijos, hablándoles bien de él o ella y de sus virtudes y capacidades ya que eso refuerza la autoridad. La complementariedad en la forma de ejercer la autoridad al servicio de la educación de los hijos no implica contradicción. Es importante educar para que no actúen por miedo al castigo, sino por la satisfacción del bien logrado. Al principio, ese refuerzo en el bien será necesario hacerlo mediante la alabanza por su buen comportamiento por parte de las personas a las que más quiere y admira: sus padres. Se consigue más con un refuerzo positivo que con muchos castigos. Se debe premiar el esfuerzo y la mejora, no solo los logros finales. Las cosas no se logran en un día, para conseguir un hábito hace falta repetirlo muchas veces y cada refuerzo ayuda a que el niño siga esforzándose.

No debemos etiquetar nunca al niño, sino diferenciar entre la persona y el comportamiento. Un niño no «es malo», sino que «ha hecho una cosa mal»; no «es» desobediente, sino que «no ha sido ahora» obediente. Creemos en ellos, sabemos que pueden hacer las cosas bien y, según cómo les miremos, así llegarán a ser.

Aprovechar el periodo de las rabietas para fomentar en el niño y en casa un ambiente de autoridad y obediencia en libertad puede ser un objetivo mucho más ambicioso que el simple «superar» las rabietas.

Las rabietas son la respuesta a esa frustración que debemos enseñarles a gestionar.

Adquirir inteligencia emocional

Dan el Goleman habla de que «tenemos dos mentes, una mente que piensa y otra mente que siente». A partir de ahí, la gestión de esas emociones se enmarcaría en la inteligencia emocional. Durante siglos se ha educado la inteligencia racional, la adquisición de conocimientos y habilidades teóricas y, aunque sin saberlo la educábamos, se ha olvidado desde el punto de vista teórico y educativo el conocimiento, adquisición y manejo de las emociones. La inteligencia emocional ayuda al niño a forjar un carácter que le acompañará toda la vida.

Miguel es un niño de tres años al que le gusta mucho jugar en casa con sus muñecos, a la pelota con su papá y ayudar a mamá cuando hace un pastel. Cuando está con sus padres, José y Susana, es un niño muy locuaz, es capaz de, con su lengua aún de trapo, contarte todas las historias que le pasan por la mente. Pero sus padres se han dado cuenta de que no le pasa lo mismo cuando está con otros niños en el parque o cuando van a casa de amigos con niños de su edad. Allí, Miguel se muestra muy retraído, no mira a la cara de los adultos que se dirigen a él y apenas interactúa con los niños que juegan entre ellos. Se queda en un rincón, coge sus propios muñecos y juega con ellos de espaldas al resto de niños.

Con los adultos, cuando Susana quiere que salude, se esconde detrás de ella y cuesta mucho que acerque la cara para que le besen. No hablemos de que sea él quien dé el beso al adulto. José y Susana, aprovechando que el buen tiempo lo permite y que tienen una terraza amplia, han decidido organizar una merienda-cena con amigos que tienen niños más o menos de la misma edad. Una cosa sencilla, cinco parejas, traer cosas en común, dar de cenar primero a los niños, ponerles una película de dibujos y conforme se queden dormidos, los padres pueden estar tomando algo al fresco en la terraza hasta tarde. El problema con Miguel aparece cuando empiezan a llegar las familias a casa: el niño no aparece por ninguna parte, y aunque le han comentado que vendrían otros niños, que lo iba a pasar muy bien y que debía ser un buen anfitrión y jugar con ellos, Miguel no aparece por ningún lado. José decide ir a buscarle por la casa mientras Susana va dando la bienvenida a todos. Tras buscar por los lugares habituales, termina encontrando a Miguel metido en el armario del cuarto de sus padres. José intenta tranquilizarle: «Miguel, ¿qué haces aquí dentro? Están llegando todos los niños para jugar». «No quiero ir», responde el niño. «¿Por qué no quieres ir?», le pregunta José. «Porque tengo miedo. No quiero jugar con ellos», responde Miguel y se echa a llorar. A José le ha dejado muy impactado la reacción de Miguel y, cuando se tranquiliza, le lleva con el resto de niños y aunque sigue comportándose como le han visto y se va a jugar a un rincón, al menos ya no llora desconsoladamente. Por la noche, cuando los amigos ya se han ido y están recogiendo la cocina, José le cuenta a Susana lo que le ha pasado con Miguel. «Me ha preocupado verlo tan alterado. Aunque es cierto que es tímido y le cuesta jugar en el parque con otros niños, nunca había reaccionado así». «Bueno, seguramente será porque venía mucha gente y no está acostumbrado. Cuando empiece el cole después del verano, seguro que ya hace amiguitos», responde Susana. «Yo no me preocuparía demasiado», concluye. José se queda esa noche pensativo mientras su mujer duerme: «Seguramente Susana tiene razón y Miguel aprenderá a relacionarse con otros niños y no tendrá miedo de los adultos. Pero ella no ha visto la cara de terror que tenía cuando he ido a buscarle: parecía que hubiera visto un fantasma».

El caso de Miguel es bastante habitual y muchas veces los adultos cometemos el error de «etiquetar» al niño como tímido sin profundizar demasiado en las posibles razones que le pueden llevar a retraerse en la relación con otras personas.

¿Cómo es nuestro comportamiento cuando está en el parque con otros niños? ¿Estamos encima de él resolviendo todos sus problemas antes de que surjan? ¿Le creamos un excesivo temor a caídas, accidentes, animales, etc.? ¿Respondemos por él cuando estamos con otras personas sin darle tiempo a que lo haga?

La sobreprotección hace que el niño crezca con temores infundados, que impactan de manera profunda en su cerebro y hacen que se genere el miedo cuando se acercan a experiencias similares.

Del mismo modo que los adultos tenemos nuestros entornos en los que tenemos que movernos y desarrollarnos, aprender cómo reaccionar, quién es quién (pensemos en un cambio de trabajo o de ciudad), el niño tiene que ir adquiriendo esa experiencia en los entornos en los que debe moverse: parque infantil, escuela, en casa de los abuelos con los primos de diferentes edades... Sustituirlos en ese conocimiento y adquisición de habilidades sociales no es «querer mucho al niño», sino «cortarle las alas» que deben servirle para volar solo en un futuro. Hay que estar cerca de ellos, pero sin sustituirlos, sin invadir lo que debe ser la resolución de sus propios problemas.

La sobreprotección provoca en los niños temores infundados que le dificultan la relación con el entorno.

Caerse en un columpio (y más hoy que caen sobre goma y no los «temibles» parques de hace años donde el suelo era de hormigón o tierra) o pelear con un niño por un juguete o el puesto en el tobogán, es algo que debe resolver él, que puede servirle para aprender. No debemos nunca sustituirlos, sino más bien darles las pautas que le ayudarán a superar las dificultades.

Los sentimientos negativos que más se dan en esta etapa, y que pueden ser permanentes si no se les ayuda, son dos: el miedo y la vergüenza.

Son muy parecidos en cuanto a la sensación para el niño y la forma de superarlos también se parece: hay que afrontarlos. Pero repasemos primero cómo puede el niño adquirir los miedos en su cerebro y cómo podemos los padres y educadores ayudarles para que causen el menor impacto en él.

El miedo (la vergüenza es muchas veces una consecuencia de ese miedo): normalmente se produce por una situación traumática que se queda grabada como negativa en el lado derecho del cerebro (que es el más emocional e intuitivo) dando como respuesta futura un recuerdo en forma de imágenes de aquello que se vivió cuando existe el riesgo de repetirse. Si un niño en sus primeros días de clase es agredido por otros niños de manera repetitiva, es muy probable que asocie el colegio con una experiencia negativa y tenga miedo a ir, llore y se exaspere cada mañana.

En el caso de la vergüenza, si cuando se dirigió a un adulto o a otro niño no fue muy hábil en su lenguaje, aún en desarrollo, y se burlaron de él o bien no le entendieron, es posible que se retraiga y prefiera no entablar contacto con otras personas para no pasar la vergüenza de que no le entiendan. Es un mecanismo defensivo muy útil en los animales superiores, y es natural. Pero solo el ser humano puede enfrentarlos y superarlos. Es muy conocida la anécdota del elefante de circo al que desde pequeño ataron con una cadena a una estaca bien clavada en el suelo: aunque el animal tiraba y tiraba, no lograba liberarse. Con varias repeticiones así, cuando es adulto, basta con ponerle la cadena alrededor de la pata para que no se mueva y no intente huir, aunque ahora podría tirar de la estaca e irse libremente. En su cerebro ha quedado grabado que con la cadena atada a la estaca no puede liberarse y termina por aceptarlo.

Solo el ser humano puede ser capaz de racionalizar, enfrentar y superar sus miedos y frustraciones. Pero es necesario que los padres y educadores les ayudemos a identificar sus sentimientos, a averiguar por qué se producen y darles las herramientas emocionales que les permitan esa superación. Verbalizar esos miedos hace que el hemisferio izquierdo (el que alberga la racionalidad) se comunique con el hemisferio derecho (que hemos dicho que contiene esas imágenes negativas de forma emocional) y es el primer paso para comenzar a superar los miedos, ya que se integran en la racionalidad. Se vivirán de nuevo, pero no ya de forma traumática, sino integrada.

> *Debemos ayudar al niño a identificar sus sentimientos para vivirlos de forma no traumática.*

Ante una situación que pueda provocar ese «trauma» en el niño, o ante esos miedos ya presentes, no podemos hacerles frente de manera directa, sino que hay que ir ayudándoles poco a poco a dominarlos. Hay varias etapas en esa superación del miedo. Álvaro Bilbao, conocido neuropsicólogo y divulgador, nos habla de seis etapas para superar el miedo y la vergüenza.

Lo primero es emplear la empatía para entablar una conexión con el niño y calmarle ante su necesidad de huir ante la causa de su miedo. Puede requerir tiempo y varios intentos, pero siempre tendremos que comprenderlo en sus pequeños miedos, llegar hasta él y desde el sentimiento del niño iniciar el proceso.

Hay que aceptar que el niño tiene miedo. Quitarle importancia desde nuestra posición de adulto no hará que el niño pueda afrontarlo, sino que se sentirá desprotegido, no valorado en sus sentimientos. Pero a la vez debemos decirle que es importante afrontar el miedo y tratar de superarlo dándole confianza para que sienta que puede lograrlo y que creemos en él.

Nuestro hijo tiene que saber que no está solo: papá y mamá le van a ayudar siempre. Un niño que sabe que cuenta con el apoyo de su familia es más capaz de superar el miedo. Acercarse juntos a un perro y acariciarle con papá y mamá le ayudará a superar el miedo a los animales. Pero no hay que forzarle, debemos mantener su ritmo, pero que no se sienta solo. A esas edades debemos pensar que somos «sus superhéroes» y que creen que papá y mamá lo pueden todo y que con ellos nunca va a pasarles nada malo. Ser su apoyo les hará (como hemos indicado en su momento) lograr un apego seguro que da seguridad y confianza al niño en los retos de su vida.

Los pasos a dar para superar ese miedo deben ser consensuados con el niño, no forzados por el adulto. Si solo quiere acercarse un poco al perro y somos nosotros quienes nos acercamos con él, valoraremos ese esfuerzo para reforzar su comportamiento. Cuando lo logre la primera vez, lo repetiremos en otro contexto para que vaya generalizando el comportamiento.

Es importante tener claro que la superación de los miedos y vergüenzas no son obra de un día, que tendremos que ir paso a paso, ayudarle, acompañarle hasta que pueda él solo enfrentarse a ello.

Nuestra labor en la educación es acompañar, no sustituir, adaptarnos a sus ritmos y ser el apoyo que necesite para su crecimiento.

El desarrollo de una inteligencia emocional equilibrada es un paso importante en la felicidad de nuestros hijos. Una autoestima fuerte y realista le hará enfrentarse con seguridad a aquellos retos y miedos que la vida les vaya presentando en cada etapa. Para lograr esa autoestima debemos conocer y ayudarle a identificar sus puntos fuertes y débiles, en qué se encuentra más dotado y en qué menos para apoyarnos en los puntos fuertes del niño a la hora de educar.

Una autoestima fuerte y realista le hará enfrentarse con seguridad a los retos y miedos.

Valorar lo que hace bien el niño le ayudará a querer repetirlo: a estas edades, una felicitación de papá y mamá vale más que el oro. Sois sus referentes y, si le animáis y valoráis, podrá llegar muy lejos con una confianza sana. Puede que se equivoque, pero si valoráis su esfuerzo por hacerlo bien, por superarse y le ayudáis en sus pequeños errores para que lo haga bien la siguiente vez, será capaz de confiar en que nada se le puede resistir porque cuenta con sus fuerzas, con que sabe hacerlo y con papá y mamá para ayudarle.

Pero tampoco podemos caer en una sobrevaloración: hay que advertir lo que no está bien hecho. Debe ser un momento para corregir desde el cariño y para enseñarle cómo hacerlo. Por ejemplo, si trata de ayudar a poner la mesa y coge demasiados vasos de una vez, y como consecuencia se le cae uno, no le regañaremos, sino que le explicaremos que es mejor llevarlos en menos cantidad para evitar que se caigan. No le diremos que no pasa nada, sino que le mostraremos cómo se hacen las cosas.

Para el desarrollo de la inteligencia emocional, a su edad, debemos ayudarle a identificar los sentimientos. Muchas veces, un niño llora o se asusta o siente hambre, malestar o alegría, pero no sabe lo que le sucede. Ayudarle a ponerle nombre a lo que le pasa es el primer paso, como hemos visto, para integrarlo de forma armónica en su cerebro. Mediante preguntas directas al niño podemos ayudarle a identificar esa emoción y a que le ponga nombre: «¿Cómo te sientes cuando un niño no quiere jugar contigo?», «¿qué te pasa cuando la abuela te da un abrazo?». Y a partir de ahí enseñarle a reconocerlas en sí mismo como tristeza, alegría, enfado, aburrimiento, preocupación... y trabajar con él cómo afrontarlas y cómo hacer en su caso que pueda superarlas.

Si hay una virtud que es muy necesaria hoy, es la fortaleza, la fuerza interior para afrontar las dificultades sin derrumbarse y que será preciso adquirir si queremos adultos fuertes y personas que afronten la vida de forma autónoma y con valentía. Por eso no hay que sustituirlos en la superación de las dificultades, y sí enseñarles a afrontar retos que puedan conseguir por sí mismos desde pequeños, cómo superar el aburrimiento o aburrirse un poco. El aburrimiento puede convertirse en algo sumamente positivo si sabemos cómo enfocarlo y puede llegar a convertirse en un gran potenciador de nuestra creatividad. (Utrera, 2023, nos ofrece numerosos ejemplos).

Que busquen ellos mismos cómo superar el aburrimiento sin convertirnos nosotros en una especie de «animador sociocultural» que tiene que estar haciendo actividades de forma continua con ellos. Enseñarles el valor de la espera aplazando las recompensas sin que todos sus deseos se atiendan de forma inmediata, enseñarles, en definitiva, a tolerar pequeñas frustraciones y a desarrollar su autonomía personal.

Una vez pasada la fase de enseñar a identificar las emociones, tenemos que enseñarles a gestionarlas. En ocasiones, esos sentimientos tendrán un origen externo al niño: «Me siento triste por culpa de mi hermana». En estos casos es importante enseñarles a verbalizar y a enunciar lo que desean: «Estoy enfadado y me gustaría que no tirases mis juguetes por el suelo». En otras, el origen puede partir de la imagen que tenga de sí mismo: «Soy un desastre». En estos casos le ayudará enunciarse a sí mismo con afirmaciones positivas que le automotiven: «Puedo dormir solo con la luz apagada», «puedo divertirme solito».

Tenemos que aprender primero nosotros para transmitirlo a nuestros hijos a disfrutar de las pequeñas cosas de la vida, como puede ser un rato en familia, una puesta de sol en la playa o una simple caricia del viento en lo alto de una montaña. La clave de la felicidad está no en «tener» más cosas, sino en saber disfrutar de lo que se tiene. En «ser» mejores personas y no en poseer más bienes. Si nuestros hijos aprenden de nosotros esos pequeños placeres de la vida diaria, estaremos dándoles las llaves de lo más importante: la felicidad.

*Enseñemos a nuestros hijos a disfrutar
de las pequeñas cosas de la vida.*

Además de sus padres, el siguiente referente adulto que los niños tendrán a estas edades probablemente sean sus maestros. La neurociencia afirma que la motivación, la emoción y la sorpresa liberan neurotransmisores (dopamina, serotonina, adrenalina). Estos activan las sinapsis entre las neuronas favoreciendo la atención y el rendimiento y, por tanto, el aprendizaje.

De aquí viene la importancia, por tanto, de la situación que deben propiciar los maestros en el aula y del interés que han de procurar despertar en los niños para hacer el aprendizaje más duradero y efectivo. El profesor debe ser capaz, por tanto, de presentar los contenidos siempre de una forma atractiva, sorprendente, divertida que atraiga la atención de los niños.

El maestro en los primeros años es una gran influencia para su alumno. El día de mañana será un referente claro para los pequeños que perciben y aprenden no solamente lo que los maestros hacen y dicen hoy, sino también de los valores que encarnan, las actitudes que manifiestan, la forma de relacionarse, de responder, y hasta de gestionar sus emociones...

El niño aprende principalmente a través de mecanismos básicos que incluyen la atención compartida, la empatía y la imitación, y estos afectan a la estructura física y química del cerebro del niño e influyen en su futura conducta. El maestro colabora en este proceso de forma esencial (Mora, 2013).

También el maestro debe reducir el estrés tóxico (hormona del cortisol), que influye negativamente sobre el aprendizaje, bloqueando al alumno.

Además, en esta etapa la influencia de la familia en el aprendizaje es muy importante, sin olvidar que el niño debe ser el protagonista de su propio aprendizaje.

Como hemos hablado, es un momento importante para incluir límites, responsabilidades e introducir determinadas normas que van a favorecer el funcionamiento de la clase.

En conclusión, el docente de infantil no solo debe tener una buena formación pedagógica sobre la etapa en la que trabaja además de una formación psicopedagógica que facilite su labor en el aula y con familias, sino también unas actitudes, habilidades y competencias para conseguir el desarrollo integral de sus alumnos.

A continuación, presento algunas actividades adecuadas a niños de 1 a 3 años que pueden realizarse en casa o en el colegio. Una vez que son conscientes de su propio cuerpo, podemos trabajar con ellos actividades que refuercen su identidad y cohesión de grupo:

- Dejando huella. Podemos trabajar su propia identidad no solo con las fotos o símbolos que tiene en el aula, sino también haciendo un mural grande en el que cada niño y los padres y hermanos pinte su huella con pintura y la estampe en el mural, después observaremos que todas son diferentes y que esa diferencia nos enriquece.

- Hacer un *collage* decorativo en el que el niño plasme lo que le gusta hacer, lugares a los que ha ido, sus sueños, sus proyectos... utilizando dibujos, recortes, imágenes, fotos y que después podemos utilizarlo para decorar su habitación y poder hablar sobre lo que le gusta.

- La familia puede realizar un *collage* del pequeño utilizando fotos o imágenes que colocaremos a la altura de los ojos del niño para que pueda verlo.

- Autorretrato. Juegos para que cada miembro de la familia dibuje o diga una característica positiva de cada uno, y que de esta forma cada uno de ellos tenga un «recuerdo» de sus puntos fuertes y se sienta importante en la familia.

- Con los juegos de autoestima queremos fomentar la inhibición para reconocer ante los demás cómo somos, qué cosas hacemos bien y cuáles pueden dársenos peor. Buscamos potenciar la seguridad en sí mismo, descubriendo que no pasa nada con equivocarse o con tener debilidades. Por ejemplo, con tertulias familiares, en la comida o en otro momento nos ayudarán a conocernos mejor.

- Bienvenida/buenos días. Os proponemos que todos los días, al levantarnos o al llegar a casa, cada uno reciba un saludo personalizado. Puede ser crear un saludo especial con cada uno, llamarles por su nombre, darles un abrazo, etc. Es una forma sencilla de decirnos cada día que cada uno de los miembros de la familia es importante para nosotros.

- El niño protagonista en el colegio. Es una de las actividades más conocidas en Educación infantil que podemos realizar desde el primer ciclo. Consiste en que cada semana uno de los niños del aula será el protagonista y tendrá, por tanto, algunas funciones exclusivas dentro del aula (de cooperación con el profesor). Además, la familia irá uno de los días de la semana al aula para enseñar algo significativo de su hijo (álbum de fotos, anécdotas, juguete favorito, etc.). Podemos aprovechar esta actividad para apoyarla en nuestros hijos y para que valore las cualidades de sus compañeros cuando le toque a otro.

- Sé que puedo/sé que podré: en esta ocasión se trata de que, en el transcurso de una de las tertulias familiares, se vayan levantando de uno en uno diciendo una cosa que sepan que pueden hacer y otra que aún no puedan, pero que vayan a lograr. Con este juego se trata de que el niño sea consciente de sus fortalezas y también de sus limitaciones, pero sintiéndose competente para hacerlo en el futuro y viendo cómo el resto de los miembros de su familia tiene también fortalezas y debilidades.

Los juegos para fomentar la confianza son juegos cooperativos. Buscan la participación de todos con un objetivo en común (el resultado final depende de ello): confiar en los otros. Aquí os dejo algunas propuestas:

- El lazarillo: como ya habréis imaginado, este juego consiste en que, por parejas y turnándose, un niño lleva a otro miembro de la familia (un primo o un hermano, por ejemplo) por un recorrido establecido con los ojos cerrados. De esta forma tendrán que confiar unos en otros.

- La gallinita ciega: en este caso, solo uno de los miembros de la familia se venda los ojos y tiene que encontrar al resto después de cantar una pequeña canción y dar tres vueltas. El objetivo en este caso es confiar en las propias capacidades de cada uno para, con los ojos cerrados, encontrar al grupo. Podemos hacer que, además, deba diferenciar al que va pillando tocándole, haciéndole reír… para fortalecer el sentimiento de pertenencia familiar y el reconocimiento de las cualidades de los otros.

- El viento y el árbol. Hacemos un corro grande y uno se coloca en el centro como si fuera el árbol permaneciendo con los pies juntos y los brazos pegados al cuerpo. El círculo debe rodearlo y evitar que el árbol se caiga con el viento, es decir, el del centro se balanceará sin moverse del sitio y los niños del corro tendrán que colaborar para sujetarle.

También podemos favorecer diferentes habilidades sociales con juegos como:

- ¿Dónde estamos? Este juego consiste en que papá o mamá inventa un lugar en el que estamos. Por ejemplo, en el zoo. Todos menos uno deben convertirse en animales o cosas que podamos encontrar allí. El que no está participando deberá adivinar qué son los demás (que no podrán hablar, solo moverse). Cuando el juego termina, el que no ha participado decidirá el siguiente escenario y podremos preguntar a cada uno por qué ha elegido cada animal. Con este juego se trabaja fundamentalmente la comunicación y el lenguaje gestual, la cohesión grupal y la creatividad.

- Te escucho: este juego trata de escuchar activamente a otro, para ello nos colocaremos por parejas y deberán responderse uno a otro a cuestiones como: qué me gustaría ser, cuál es mi fiesta favorita, qué es lo que más me gusta hacer, qué parte de mi cuerpo me gusta menos, qué se me da muy bien, qué se me da muy mal y cuál es el castigo que no soporto. Una vez que cada uno conozca las respuestas del otro, deberá contar las de su compañero al resto del grupo. De esta forma, además de trabajar la escucha activa, también nos conocemos mejor..

- ¿Y tú qué harías? Con este juego se trabaja tanto la empatía como la asertividad. Consiste en que cada miembro de la familia cuente una situación que le ha sucedido y que le ha hecho sentir mal y los demás pueden contar qué habrían hecho ellos en su lugar. También podemos hacerlo con supuestos que inventemos o con situaciones de conflicto que se hayan producido en clase, en el trabajo de los padres o en otro lugar. Evitaremos juzgar las decisiones que nos den los hijos, pero podremos hacerles preguntas para entender por qué toman una u otra decisión.

Importancia del lenguaje y su desarrollo

El lenguaje es una de las capacidades que más nos diferencian del resto de los animales. Nuestro cerebro comienza desde una muy temprana edad a realizar las conexiones neuronales que le permitirán desarrollar la capacidad de comunicarse mediante el lenguaje articulado. A los seis meses, el niño ya reconoce dentro de su entorno los sonidos correspondientes a su lengua materna y a base de repetir esos sonidos adquiere la destreza que necesitará al hablar. Por eso es muy importante que las personas que estén cerca del niño le hablen afectuosamente, se comuniquen con él para que su cerebro se impregne de esos estímulos que su cerebro necesita para desarrollar las conexiones de las que hablábamos anteriormente.

Pablo tiene un tanto preocupados a sus padres porque no logran que a sus casi dos años y medio pronuncie correctamente las palabras. Miriam y Pedro lo han ha-

blado ya entre ellos porque, mientras los primos de Pablo y sus compañeros de clase se expresan mejor, Pablo dice «Quero totolate» o «No tusta eto, no quero». Sus dos hermanos mayores también hablaban a su edad y no parece que sea un problema de conocimiento de lo que quiere decir porque es un niño despierto y sabe lo que quiere decir aunque no se le entienda. Lo que ha empezado a alertarles más es que es consciente de que pronuncia mal porque, si bien con sus padres y hermanos sigue comunicándose sin problemas ya que ellos le acaban entendiendo, apoyándose en gestos o señalando, delante de otras personas ha optado por callar y solo señalar lo que le interesa por vergüenza.

El otro día en el parque, Pablo estaba jugando con otros niños más o menos de su edad en un arenero. Otro niño cogió su camión y Pablo se fue a decirle algo, pero el otro niño no le entendía y se lo hizo saber. «No sé qué dices», y Pablo repitió a gritos sus sonidos que solo sus padres entendieron («Ese es mi camión», pero Pablo solo emitía un sonido como «Ete e mi mión») y terminó por agarrar al niño llorando de rabia. Entendieron que más que el hecho de que le quitara su camión, Pablo estaba frustrado porque no era capaz de que el niño entendiera lo que trataba de decirle. Pedro y Miriam han decidido que ha llegado el momento de dar un paso al frente para ayudar a Pablo y no esperar a que «termine de aprender». Por eso acuden a la tutoría con la profesora del niño a ver si pueden ayudarle a comunicarse mejor. La profesora les dice que ella ya había notado que Pablo se comunicaba de forma un tanto inmadura para su edad y que sería conveniente acudir a un especialista para trabajar desde la estimulación temprana.

Uno de los aspectos que nos diferencian de otros animales es la capacidad de traducir nuestro pensamiento en un lenguaje articulado. Para poder desarrollarnos en sociedad, es necesario que seamos capaces de comunicar no solo necesidades básicas, sino pensamientos más elaborados o sentimientos. El niño debe adquirir esta capacidad desde muy corta edad.

Los padres tienen la capacidad de desarrollar las habilidades comunicativas en su hijo desde el nacimiento, incluso antes. Hablarle al bebé mientras le cambias o le das un biberón permite que en su cerebro se vayan generando las conexiones necesarias para desarrollar el lenguaje de forma que a los 6 meses los niños ya han aprendido los sonidos de su lengua materna.

Hablarle al bebé, aunque no comprenda, genera las conexiones para un aprendizaje futuro.

En este caso, ¿qué pueden hacer Miriam y Pedro para ayudar a su hijo Pablo?

Si un niño no habla hacia los 2 años o solo dice «papá» o «mamá» y poco más, como muy bien le ha aconsejado la maestra, se debe acudir al especialista: directamente al pediatra para una primera valoración y después al logopeda. Aunque a veces no se le da la suficiente importancia, sin embargo, por prevención, debemos actuar.

Su pediatra puede realizar también una valoración del oído, ya que está comprobado que las infecciones frecuentes del oído medio, cuando no son tratadas adecuadamente, afectan al vocabulario, a la pronunciación y sobre todo a la distinción de los diferentes sonidos de nuestro idioma.

También desde casa pueden realizar algunas pautas para estimular el lenguaje en Pablo.

Después debemos pararnos a pensar cómo nos comunicamos en casa, lo ideal es que evitemos gritos, hablemos despacio, nos paremos a mirar a Pablo a la cara cuando nos dirijamos a él y utilicemos frases sencillas y bien estructuradas.

A veces, quizá no nos demos cuenta, pero puede que en ocasiones las prisas, el cansancio u otras circunstancias del día hagan que dejemos frases medio pronunciadas con un tono inadecuado. Es aconsejable que tanto su padre como su madre no se lo pongan tan fácil a Pablo, exigiendo que hable con oraciones, no con palabras sueltas. Para ello, es fundamental darle el tiempo que necesite para expresarse de una forma correcta y, si no es capaz, hacerlo por él, para que él lo repita correctamente. Sin demasiadas exigencias, ya que hay que entender que él no lo hace porque le cuesta. Está aprendiendo. Por lo tanto, los adultos más cercanos en este caso deben ser un modelo que el niño pueda repetir.

Darle tiempo para expresarse y ayudarle a repetir aquello que no consiga sin atosigarle.

Si repite bien, le elogiaremos y, si no lo consigue, es preferible no insistir y dejarlo para otra ocasión. Como siempre decimos; exigencia con cariño. Cuando hay una dificultad, es bueno que, aunque señale con el dedo aquello que quiere, no se lo demos, y le estimulemos para que se comunique mejor.

Escuchad con atención lo que os cuente de sus experiencias en el parque o en el colegio, de esta forma también estará expresando sentimientos. A los 3 años, Pablo será capaz de *contar* pequeñas cosas que le han pasado en el colegio, el nombre de sus amigos, que la maestra ha dicho... Y aunque a veces ayuda a estimular el lenguaje, debemos evitar el interrogatorio a la salida del colegio con preguntas que le cueste contestar porque sean poco concretas o porque solo sean de contestar «sí» o «no».

Los juegos simbólicos le ayudarán a interiorizar y exteriorizar expresiones y vocabulario según sea su creatividad en dicho juego.

También es importante no imitar el lenguaje de los más pequeños, ya que somos sus modelos a seguir y estaríamos perjudicando su progreso.

A los 2 años podemos comenzar a ayudarles también enseñándoles buenos modales. Que aprenda a decir «buenos días» o «buenas tardes» en el momento adecuado, pedir las cosas «por favor» y dar las gracias son las primeras normas de urbanidad que el niño puede aprender. Además, aprovecharemos para que sepa decirlas con el tono de voz adecuado y bien pronunciadas.

Seguro que a Pablo le gustará pasear con su padre o su madre por la casa, observando diferentes objetos de la habitación y repetirlos con papá o mamá a modo de juego. Podemos jugar a preguntarle: «¿Cómo se llama esto?». A jugar a los parecidos y semejanzas entre palabras: «¿En qué se parece un perro y un gorrión?». Jugar a cantar canciones, trabalenguas y rimas le motivará mucho a estimular su lenguaje.

Otro aspecto muy importante en este desarrollo indica que hay que tener especial cuidado en no abusar de alimentos triturados, del chupete o del biberón, ya que puede provocar problemas de pronunciación correcta de todos los sonidos del habla. Cuando masticamos, estamos estimulando la articulación de algunos fonemas, por lo que es un gran ejercicio del que veremos los frutos cuando empiece a hablar.

Los libros de imágenes con familias de palabras son muy motivadores y nos pueden servir para aprender más vocabulario. Aunque es aún mucho más enriquecedor que el niño de esta edad nos acompañe, por ejemplo, al supermercado y que vaya nombrando frutas en la sección de frutería. Aprovechad cualquier ocasión para que nombre objetos.

Qué importante es hablar con corrección, no llamar al perro «guauguau», ni a la carne «chicha»... Puede ser gracioso en un primer momento, o formar parte del vocabulario familiar, pero es importante que el niño sepa cuál es la pronunciación correcta de las palabras.

Escuchar música tanto de día como de noche le ayudará a agudizar el oído, a memorizar y también a aumentar el vocabulario.

Es bueno fomentar cualquier momento que tengamos a lo largo del día para tener una tertulia familiar, evitar comer con la televisión y aprovechar estos momentos para que los hijos cuenten sus experiencias y podamos compartir anécdotas y opiniones. Es una ocasión ideal para respetar el turno de palabra, aprender a expresarse con corrección, sin vergüenza y siendo cordial. Además de para el lenguaje, si acostumbramos a los niños a contar cosas y a escucharlos, cuando llegue la adolescencia, tendremos abiertos los canales de comunicación para que confíen en nosotros. Atender sus pequeñas historias de hoy hará que podamos ayudarles en sus problemas del mañana.

A la hora de acostarnos, podemos estimular el lenguaje a través de los cuentos. El momento antes de irse a dormir parece ideal porque, en principio, el niño está tranquilo, puede ser un momento exclusivo para compartir con él, y, por lo tanto, un momento muy deseado por el niño. Podemos presentarle previamente el libro para aportar una idea del tema, despertando su interés. Leerle el cuento exagerando y representándolo, de forma que se trabajen las emociones y que lo viva en primera persona como si él mismo fuera un personaje más.

Los cuentos tradicionales antes de acostarse ayudan a desarrollar el lenguaje y la empatía.

Se pueden pasar varios días e incluso semanas contando el mismo cuento ya que esto le ayudará a ganar seguridad, reforzar el vocabulario aprendido y conocer las diferentes partes del cuento: introducción, nudo y desenlace, que son comunes a cada historia.

De esta forma se estructura su inteligencia para que pueda explicar después en el futuro cualquier suceso: esta era la situación, pasó esto y se resolvió así.

Los cuentos son una fuente de vocabulario y de estructurac ón de la inteligencia para la adquisición del lenguaje. Si pensamos en cómo son todos los cuentos infantiles de nuestra niñez, o las obras de teatro o el cine, vemos que todas ellas mantienen la misma estructura lógica para contar lo que sucede o ha sucedido.

Acomodar el cerebro de nuestro pequeño para que pueda contar cómo decodificar así cualquier relato es adentrarle en el mundo de la comunicación en sociedad.

En estas edades, los cuentos deben tener muchas imágenes, deber ser lúdicos, elaborados con materiales como el cartón, el plástico (ideales para jugar en el agua) o la madera… para que los niños lo puedan manipular sin que se rompa. A partir de los 3 años disfrutará con historias fantásticas y cuentos tradicionales.

Los padres que son muy comunicativos y alegres son un regalo para el niño. Los niños tienden a imitar a sus padres y, si estos son comunicativos y expresan sus sentimientos y lo que les sucede, sus hijos harán lo mismo en el futuro.

Estimulación temprana: sensorial y psicomotricidad

Los pediatras están cada vez más preocupados por dos males que acechan a los niños en la sociedad actual: la falta de ejercicio físico y el sedentarismo.

Cuanto más sabemos del cerebro y del desarrollo del niño, más necesario vemos que los niños prueben los límites de su cuerpo, que exploren las capacidades que van adquiriendo. Nuestros padres y abuelos (nosotros no sé si fuimos tan afortunados) crecieron de esa manera: subían a un árbol a coger manzanas o descendían un arroyo brincando por su orilla de piedra en piedra. Algún chichón, brecha o similar han costado esas aventuras. Señales que se llevaban como *condecoraciones de guerra* por parte de los niños. Quizá pensemos que había que ser muy mayor para eso, pero no es cierto: desde muy pequeños, los niños intentan forzar al máximo los límites de su cuerpo subiendo a los muebles, gateando por los lugares más insospechados, haciendo equilibrios en los bordillos... o simplemente en ese levantarse del suelo para ponerse poco a poco de pie. Los adultos debemos favorecer que el niño pueda realizar todas esas acciones que precisa para su crecimiento, sin falsos temores a que se haga daño y sin imprudencias, pero dejando que acumule experiencias sensoriomotoras para el desarrollo de su cerebro y de su cuerpo.

A través del movimiento favorecemos las conexiones neuronales en el cerebro, la inteligencia del niño.

Nosotros mismos hemos crecido con horas de parque, de columpios en los que parecía que íbamos a *matarnos* pero que finalmente nos ayudaron a mantener el equilibrio, a controlar el vértigo, la coordinación óculo-manual... Hoy, como hemos mencionado antes, los niños reciben impulsos de videojuegos o dispositivos móviles sentados en el carrito o en la trona, los padres no tenemos tiempo para pasar horas en el parque y muchas veces solo vemos peligros en cada intento de nuestro hijo por escalar el sofá de casa... Muchos problemas de aprendizaje tienen su origen en esa primera infancia, donde el niño tendría que estimularse para favorecer la plasticidad de su cerebro en formación.

La plasticidad del cerebro explica la importancia de la estimulación temprana a estas edades. La mayoría de las funciones del cerebro se construyen con base en dos procesos (Marina, 2011): *bottom-up* o de abajo arriba, en el que se va creando la información a partir de las sensaciones y *top-down* o de arriba abajo, en el que el cerebro aprovecha la información que tiene almacenada en la memoria para compararla con la que le llega e interpretarla mejor.

Por tanto, hay un cerebro sensorial y otro motor, uno sirve para la recepción de la información y otro para la elaboración y ejecución de la respuesta. En efecto, la gran función que tiene el cerebro será aquella orientada a la acción a partir de las ideas o de los movimientos. Con el entorno y la estimulación no solo se incrementa el peso cerebral y de las áreas estimuladas, sino que también se transforman las neuronas aumentando su tamaño, ramificaciones y conexiones sinápticas. De hecho, los primeros años de vida modulan la plasticidad cerebral, por lo que las condiciones desfavorables y privativas en las primeras edades tienen efectos duraderos e intensos en la estructura y funcionamiento cerebral, lo que repercute en problemas de aprendizaje y comportamiento (Zeanah et al., 2012).

En la primera infancia, de 0 a 2 años, el cerebro de los bebés tiene muchas más conexiones y caminos neuronales que el de los adultos. A medida que nos hacemos mayores y tenemos más experiencias, nuestro cerebro *poda* los caminos más frágiles y menos usados, y refuerza los que se usan más a menudo [...]. Los cerebros jóvenes son también mucho más moldeables y flexibles, cambian con mucha más facilidad. Pero son mucho menos eficientes; no trabajan con tanta rapidez ni efectividad (Gopnik, 2010).

Psicomotricidad

Por ello, como hemos dicho antes, debemos dar la oportunidad a los niños en estas edades del movimiento, evitando que tengan exceso de ropa para que se muevan con libertad, limitando el tiempo de cuna o parque cuna, para darle la oportunidad de que se mueva en un espacio más amplio y seguro con libertad. Que sean capaces de arrastrarse, de gatear, de converger con su visión en un punto próximo. Cuanto más se arrastre, antes aprenderá a gatear y gracias al gateo obtendrá una madurez ósea de piernas, brazos, columna y una correcta coordinación de movimientos.

El niño aprende a estas edades más a través del movimiento y de la estimulación sensorial que observando pasivamente, de ahí la importancia de utilizar los sentidos, ya que es la forma que tiene de recibir la información del mundo exterior.

El niño aprende a través del movimiento
y la estimulación sensorial.

Para favorecer el aprendizaje a través del movimiento, debemos eliminar a estas edades el uso de pantallas para el aprendizaje, fomentando el juego para el desarrollo de la corteza prefrontal, base de la motricidad. «El juego constituye el rasgo distintivo de la infancia. Es la manifestación viva y visible de la imaginación y el aprendizaje en funcionamiento. Es también la señal más visible de la inutilidad paradójicamente útil de la inmadurez» (Goonik, 2010).

El pedagogo y orientador educativo Jesús Jarque propone los siguientes ejercicios de motricidad gruesa y fina:

1. Coordinación de pies

- Subir escaleras: sujeto a la baranda y luego suelto.
- Bajar escaleras: sujeto a la baranda y luego suelto.
- Andar de puntillas.
- Saltar con los dos pies, cayendo en el mismo lugar.
- Andar sobre una línea recta manteniendo el equilibrio: se puede pintar con tiza un camino haciéndolo cada vez más sinuoso y estrecho.
- Caminar marcha atrás manteniendo el equilibrio.
- Andar sobre un bordillo manteniendo el equilibrio.
- Andar por baldosas de dos colores (en damero) pisando solo un color.
- Sostenerse sobre el pie derecho manteniendo el equilibrio. Después, sobre el izquierdo. Pasar un «circuito» *realizado* en el que hay que andar, saltar, pasar.
- Pasar un «circuito» en el que hay que andar, saltar, pasar a gatas, dar una voltereta...

2. Coordinación de brazos

- Botar una pelota.
- Lanzar un objeto (una pelota) a otro: con las dos manos y luego con una mano (derecha e izquierda).

- Recibir un objeto (una pelota, un cojín pequeño) con las dos manos y luego con la mano derecha e izquierda.
- Jugar a hacer blanco sobre objetos con una pelota o bolsa de tela; por ejemplo, jugar a los bolos.

3. Otros juegos (casi todos al aire libre)

Los patinetes, palas, pelotas, raquetas o juegos similares. Muchos juegos tradicionales en los que se salta, lanzan objetos...

Ejercicios de psicomotricidad fina

- Apretar con fuerza una pelotita en la mano.
- Modelar con arcilla o con plastilina.
- Recoger objetos pequeños con los dedos e introducirlos en una botella.
- Aplastar bolitas de papel o de plastilina.
- Hacer bolitas de papel o de plastilina.
- Trocear papeles cada vez más pequeños.
- Adivinar objetos con los ojos tapados, solo con el tacto.
- Pinchar chinchetas de colores sobre un corcho.
- Picar con un punzón.
- Despegar *gomets* o pegatinas y pegarlas en una hoja.
- Reproducir construcciones realizadas con bloques.
- Abrir y cerrar tarros o botellas.
- Meter cuentas en una cuerda o cinta.

- Pasar páginas de un libro una a una.
- Recortar flequillos de papel con tijeras.
- Pasar un lápiz con una cinta atada por agujeros hechos en cartón, como si estuviera cosiendo.
- Colorear con pinturas de dedos o con ceras.
- Dibujar trazos marcados con puntitos.
- Jugar con pianos musicales, xilófonos, ensartables...

Parque urbano, parque y mucho parque, donde pueda jugar con libertad, trepar, subir, bajar, columpiarse, jugar con otros niños, sin protegerle en exceso o transmitiéndole nuestro miedo a que se pueda caer.

Gracias al aprendizaje a través del movimiento estamos ayudando al cerebro a afianzar la lateralidad derecha e izquierda, que es tan importante en los procesos de lectoescritura más adelante.

Necesitamos que el niño integre el aprendizaje con todo el cerebro, para ello es importante conocer que el hemisferio izquierdo es el que controla las habilidades del lenguaje. Por otra parte, el hemisferio derecho se encarga de la orientación espacial, las matemáticas, la expresión artística, la creatividad y la gestión de las emociones.

Debemos personalizar el aprendizaje, ya que las personas con hemisferio izquierdo dominante funcionarán de una forma simbólica, mientras que los que utilizan el hemisferio derecho necesitan partir de lo concreto, haciendo y manipulando. Aprenderán mejor las letras y los números con movimiento físico, saltando, cantando. Se apoyan en esquemas y los pictogramas les facilitan el aprendizaje.

Estimulación sensorial

Desde antes del nacimiento, el bebé está recibiendo estímulos que le ayudan a desarrollar sus sentidos: música, la voz del padre y la madre, sentido del gusto con lo que ingiere la madre, etc.

Así, desde el nacimiento, el *sentido del oído* es uno de los más desarrollados. El bebé reconoce la voz y los latidos del corazón de su madre. Todos tenemos la experiencia de que, cuando un bebé llora, lo coge en brazos su madre y este se calma al ponerlo contra su pecho. Es un refugio seguro para el niño. A partir de los primeros meses, el niño es capaz de girar su cabeza hacia el origen del sonido. Y a partir de los seis meses comienza a repetir sonidos propios de su idioma, imitando el habla de los adultos.

El *tacto* del niño puede desde muy pequeño reconocer los cambios de temperatura y responde a los estímulos que mediante caricias o diferentes texturas se le presentan. Poco a poco va reconociendo las partes de su cuerpo y su posición dentro del espacio, dominándolo.

Reconocen mediante *el gusto* los diferentes sabores, prefiriendo el dulce más que otros (por eso, las primeras papillas suelen tener ese sabor), pero a partir de los seis meses empiezan a gustarle los más amargos, siempre que empecemos a dárselos en este momento y no lo retrasemos si, en un principio, parece que no le gustan. Es normal, son cambios, pero debemos ir superando etapas sin prisas pero sin miedo.

El *olfato* va muy unido al gusto, ya que los olores dulces (plátano, vainilla o leche) le son más gratos y los suele preferir a los amargos. El olor de las cosas le permite aceptarlas o rechazarlas de forma instintiva, como un reflejo de una fase más primitiva del ser humano. El niño reconoce olores familiares, como a su padre o a su madre, la mantita de apego, etc. Le permite tener seguridad de modo inconsciente.

La *vista* es el sentido que al nacer está menos desarrollado. Quizá porque dentro del vientre materno no es necesario para el ser humano. Desde muy pronto, pese a que es muy débil, el niño puede reconocer las caras de sus padres y cuidadores si se encuentran a no más de 20 o 30 centímetros de su cara. Es capaz, como ocurre con el sonido, de seguir con la vista el movimiento de personas y objetos. Es uno de los sentidos que más va evolucionando a lo largo del desarrollo del bebé.

Todos los sentidos deben ser estimulados en el niño desde que nace (y como hemos dicho, incluso antes) y así, separando cada uno de ellos, y a modo de ejemplo, podemos realizar diferentes estimulaciones que generarán en el niño conexiones neuronales que le ayudarán en el futuro a desarrollarse de modo armónico y eficaz. Es lo que denominamos «estimulación temprana».

La pedagoga Ana Sánchez propone algunos ejercicios para estimular cada uno de los sentidos a esas edades.

La estimulación temprana pretende lograr conexiones neuronales que facilitan aprendizajes posteriores.

Así, si queremos ayudar al niño en la estimulación visual, podemos jugar con él al «veo, veo», a reconocer carteles y señales de tráfico o a discriminar las diferentes figuras geométricas («esto es un triángulo», «esto es un círculo», etc.) y cuando es un poco mayor, a reconocer las letras de su nombre o algunos números.

El oído se puede estimular manteniendo conversaciones con él, contándole cuentos que le ayuden a identificar los diferentes estados de ánimo, a reconocer diferentes palabras, cantando canciones infantiles (esas de toda la vida que permiten rimar, aprender a contar o a seguir un ritmo) y recitando poemas sencillos. Las audiciones de música clásica le ayudarán a escuchar los diferentes instrumentos y le harán reconocerlos en el futuro. Es recomendable ayudarle a repetir las letras de los poemas o canciones sin corregir demasiado para que vaya adquiriendo el lenguaje de forma natural.

Con diferentes tarros con especias, perfumes y fragancias le ayudaremos a distinguir los diferentes olores. Salir al campo en primavera (salvo que sea alérgico, claro) para reconocer los diferentes olores que la naturaleza nos brinda en cada una de sus flores, árboles y arbustos es una manera de potenciar su olfato (y de paso, otros sentidos como el tacto o la vista, cuando la primavera viste el monte o la pradera de colores, formas y olores).

Si queremos que el niño avance en su conocimiento y gusto por diferentes sabores, podemos ir ayudándole a distinguirlos dándole a probar diferentes alimentos que los contengan. Un limón para la acidez, el azúcar para el sabor dulce, la sal para el salado o el chocolate negro para el sabor amargo... le ayudarán a distinguir y valorar cada sabor, a apreciarlos y a ir educando el gusto por la comida.

Del mismo modo, queremos que desarrollen el sentido del tacto y los diferentes conceptos que componen ese sentido: duro, liso, blando, áspero... Ofrecerle diferentes materiales para que manipule desde que es muy pequeño le ayudará a conseguirlo.

Pero no debemos olvidar que tanto la madre como el padre transmiten sentimientos a través del tacto. Al bañarle, al masajearle después del baño, al abrazarle y besarle... todos estos estímulos son precisos no solo para el sentido del tacto, sino para un desarrollo afectivo sano.

Cualquier elemento del entorno
y rutinas pueden servir como
elemento estimulante de los sentidos.

El niño que ha sido abrazado de pequeño, de adulto sabe transmitir amor; si ha sido cogido en brazos, será capaz de sentirse seguro y de aportar seguridad a los demás. El niño puede no comprender las palabras inicialmente, pero sí su tono, sí las caricias o el cómo se le abraza.

PARA RECORDAR

- El apego seguro se produce cuando se da una relación positiva y de confianza en el niño hacia sus cuidadores basada en el cariño, la confianza y la atención a sus necesidades.

- El control de esfínteres no tiene una edad fija, sino que se trata de un proceso madurativo del niño y no de «algo que se aprende».

- Aprender a dormir solo depende de que el niño sea capaz de tener unos ciclos de sueño establecidos, que no tenga grandes problemas para conciliar el sueño y que manifieste cierta independencia.

- Es normal que pueden surgir pesadillas o terrores nocturnos.

- Aprender a comer no es solo un hábito saludable, permite desarrollar la autonomía y hábitos sociales.

- Darles una pantalla cuando se comportan mal solo hará que repitan ese comportamiento para lograr «el premio».

- Ante una rabieta debemos mantener la calma y no ceder a sus exigencias.

- La sobreprotección provoca en los niños temores infundados que le dificultan la relación con el entorno.

- El desarrollo de la autoestima le hará saber enfrentarse a los retos de la vida.

- No suplantemos al niño en sus tareas: lo que pueda hacer él, no lo hagamos nosotros.

- Le daremos tiempo para expresarse y le ayudaremos a repetir aquello que no consiga sin atosigarle.

PARA PENSAR

- Piensa en cómo puedes ayudar a tu hijo a adaptarse a los momentos en los que debe separarse de vosotros. ¿Transmitís tranquilidad y seguridad al niño?

- Repasa las condiciones madurativas del niño antes de proceder a quitarle el pañal. ¿Potencias sus éxitos al controlar los esfínteres?

- Piensa cómo reaccionáis ante las peticiones del niño para meterse en vuestra habitación. ¿Os mantenéis firmes en la decisión de sacarle de la habitación conyugal? ¿Cómo reacciono ante las pesadillas? ¿Sé transmitirle tranquilidad y cariño a la vez que firmeza?

- Piensa en cómo lograr que la comida en familia sea un momento educativo. Haced partícipe al niño de la mesa, de los menús y de la conversación. Valorad que no solo se trata de tener «una técnica» para comer, sino que en la mesa se desarrollan hábitos sociales: «En la mesa y en el juego se conoce al caballero».

- Piensa si utilizas a menudo el móvil como medio de que os dé tranquilidad. ¿Qué situaciones son más propicias para ello?

- Piensa qué alternativas puedes dar a tu hijo diferentes a una pantalla y ve provistas de ellas en la siguiente ocasión.

- Piensa cómo reaccionamos antes las rabietas. ¿Lo tomamos como algo personal o como una oportunidad de educar? ¿Me importa poco la situación social cuando mi objetivo es ayudar a mi hijo a adquirir normas y límites?

- Piensa en cómo reaccionas ante los riesgos que trae la actividad normal del niño. ¿Estás pendiente en exceso de que no pueda hacerse daño quitándole todos los obstáculos que encuentre? ¿Valoro los esfuerzos que hace mi hijo por superarse o le desanimo?

- Piensa en si sabéis disfrutar de las cosas pequeñas de la vida que dan la felicidad.

- Piensa si das a tu hijo la suficiente autonomía para realizar aquello que, aunque no sea perfecto, puede empezar a hacer él: comer solo, lavarse, guardar sus juguetes, etc.

- Piensa si tienes momentos para que tu hijo os cuente cómo se siente, lo que le ha sucedido en el colegio. ¿Contamos cuentos a nuestros hijos? ¿Le hacemos partícipe de las conversaciones familiares?

BLOQUE V

IMPLICACIONES EN LA VIDA FAMILIAR

CRECIMIENTO ARMÓNICO

LA FAMILIA: ESCUELA DE VALORES

AMOR Y FAMILIA

ADQUISICIÓN DE HÁBITOS, VALORES Y VIRTUDES

CÓMO MEJORAR LA AUTOESTIMA EN LA FAMILIA

EDUCAR EN LA FE: EL PRIMER ABRAZO DE DIOS

Crecimiento armónico

Para lograr un crecimiento armónico del niño, no debemos prestar atención solamente a su desarrollo corporal, sino que tenemos que ayudarle a crecer «por dentro», en esas virtudes que harán de él un adulto atrayente, maduro, en quien se puede confiar. Y aunque veamos a un simple bebé que duerme plácidamente en su cunita, hagamos el esfuerzo por ver el hombre o la mujer, en definitiva, la persona adulta en la que se convertirá. No pensemos que esas virtudes deberá adquirirlas en la adolescencia o cuando llegue al colegio. Desde que nace, cuando le damos de comer o le cambiamos, con nuestra actitud, nuestro lenguaje verbal y no verbal, con nuestro tono de voz, nuestros abrazos y caricias, con todo esto, estamos educando, estamos inculcando desde el principio los valores que le definirán como adulto.

Es evidente que, del mismo modo que no le vamos a enseñar a tocar el piano a los dos años (los casos como el de Mozart son muy, muy extraños), tampoco vamos a educar todos los valores a esta edad.

Cada edad tiene lo que se llama *periodos sensitivos* para educar un valor o virtud determinada, cuando el niño está más preparado para adquirirlo. Y del mismo modo, si no se trabaja, puede adquirirse el vicio contrario y después, aunque todo es posible en educación, nos costará más que adquiera la virtud. Tener claro en qué momento podemos empezar a trabajar las virtudes y qué virtudes trabajar a cada edad nos ayudará a adelantarnos, a planificar, dentro de las rutinas y juegos del niño, aquellas actividades que aportarán los valores y virtudes adecuadas a su periodo sensitivo. En este último bloque trataremos las virtudes de orden, sinceridad, fortaleza y dedicaremos un apartado a la educación en la fe.

La familia, escuela de valores

El éxito de la educación de los hijos se basa en gran parte en la mejora personal de sus padres. La experiencia nos dice que, según vamos educando a nuestros hijos, de forma simultánea, los padres experimentamos también un crecimiento en muchas facetas. El objetivo principal de la educación es preparar a la persona para vivir su biografía de la mejor manera posible, y esto afecta a su inteligencia, voluntad y ser. Y esto lo deben alcanzar no solos, sino con nosotros. El premio será enseñarles a gestionar la libertad, cautivándoles con argumentos positivos, entusiasmándoles con valores, con lo excelente, comunicando conocimientos y promoviendo actividades.

Como ya hemos visto, en muchas ocasiones, educar hoy es ir contracorriente. Los niños, en su mayoría, cada vez lo tienen todo antes.

Los medios de comunicación ponen de moda cosas que no están en sintonía con la educación que queremos ofrecer a nuestros hijos, como algunos modelos de conducta que nos presentan muchas series de televisión. Nuestros hijos toman esos modelos de forma que se guían por el criterio de «es que todo el mundo lo hace y todo el mundo lo tiene». Aquí nos jugamos mucho, estamos hablando de felicidad.

Qué importante es la comunicación y cuántos problemas se arreglan con una buena conversación. No me refiero solo a la comunicación con los hijos, sino a la comunicación en familia donde los pilares y los primeros referentes son los padres.

Los padres debemos ser los referentes de nuestros hijos y para ello debemos dedicar tiempo a hablar con ellos.

En la familia debemos fomentar la buena comunicación, charlar no es igual que hablar, buscando momentos para establecer tertulias familiares, después de las comidas, o sobre todo en verano, que tenemos más tiempo...

Es muy educador cuidar el tono humano a la hora de tratarnos en la familia, tratándonos con cariño, evitando los gritos, contagiando una actitud alegre y, por qué no, con sentido del humor, que ayudará a quitar importancia a tantas cosas del día a día que no la tienen. Cuidar la sinceridad y la confianza a la hora de hablar en familia, mirándonos a los ojos, dedicándonos tiempo. Es lo más importante que tenemos en nuestras manos.

La educación de nuestros hijos no lleva «mucho» tiempo, lleva «todo» el tiempo. Tener hijos no quiere decir que pierdas libertad, sino que tu tiempo lo compartes con ellos. Puede ser bonito el tener un diario familiar, o simplemente un sencillo calendario para marcar como importante las cosas que nos ocurren en familia. Con el tiempo, al releerlo se pueden recordar anécdotas, que formarán la historia y la marca de la familia. E incluso se les puede hacer conscientes, releyendo este diario, de que las cosas negativas pasan (El día que tuve dolor de muelas, cuando se me pasó, me compraron un helado...).

Me gustaría tratar ahora la *organización familiar*, me parece un tema clave en la familia, ya que una mala gestión del hogar puede dar lugar a tensiones, cansancio y otros males que pueden ir minando nuestra convivencia sin darnos cuenta.

Como hemos visto al principio, cada familia tiene que analizar sus circunstancias, horarios y disponibilidad... El hombre y la mujer comparten tareas, funciones y, sobre todo, responsabilidades. Esta es la base de la conciliación familiar dentro del hogar, para que el padre y la madre puedan compaginar su trabajo profesional fuera de casa con la vida familiar, sin morir en el intento. A ser posible, si la madre es la que está ausente por temas profesionales, el padre debe permanecer en casa y al revés, evitando delegar nuestra presencia y responsabilidades en terceras personas o familiares. Si la economía familiar lo permite, tener ayuda de alguien que haga las tareas domésticas siempre viene bien.

Para que funcione, debemos involucrarnos los dos desde el principio. Solo si se trabaja en equipo, solo si ambos vamos a una, se podrá implicar al resto de la familia en esta conciliación. La actitud de los padres es fundamental para transmitir a los hijos la necesidad de cooperar todos en casa.

La conciliación familiar es cosa de dos

Los niños, dependiendo siempre de cada edad, deben asumir algunas tareas del hogar sin mayores problemas. Colocar la ropa en los cajones, recoger el cuarto de baño, poner la mesa y quitarla, colocar el menaje en el lavavajillas, hacer de canguro de los más pequeños... y un sinfín de tareas que los hijos pueden hacer en el seno de la familia. Hay que concienciarles de la necesidad de colaborar para que el hogar funcione, de que todos formamos parte de un mismo equipo. Además, hay que hacerlo por razones no materiales, de las que muchas veces abusamos, sino porque de esa manera papá y mamá tendrán tiempo para jugar con ellos, estarán más contentos, ellos mismos se sentirán mejor. No debemos dejarnos llevar por una falsa sensación de que a lo mejor les exigimos mucho o de que les robamos su infancia. Que no nos engañen, la infancia si acaso la roban las pantallas.

Nada más lejos de la realidad, el resultado de colaborar en la familia desde etapas tempranas es que son niños normalmente más felices, más responsables y con una mayor autonomía.

En conclusión, la actitud de los padres debe ser siempre positiva, enseñando a los hijos a ser autónomos, deben sentirse queridos (muchas veces se consigue más con una sonrisa que con 1000 enfados) y no debe faltar la motivación: Alegría, TRAnquilidad y CONfianza: ATRACÓN de cariño.

Amor y familia

«El compromiso es al hombre como el volar es al pájaro» (San Agustín).

Este compromiso nace del amor. Esta debería ser la última meta del proceso educativo: que nuestros hijos aprendan a querer. Y esto se adquiere principalmente con el ejemplo de los padres. En la familia encontramos tres tipos de relación: cónyuges, paternidad-maternidad y filiación. Todas son importantes y complementarias, no opuestas.

El amor es el núcleo de la vida familiar: nuestra familia vale lo que valen *nuestros amores*.

Existe una jerarquía entre esos valores: nos encontramos con el amor personal cuando hablamos de querer el bien del otro. Del amor pleno cuando hablamos de entregarnos para toda la vida. Del amor total cuando hablamos de amor al otro en toda su dimensión y en exclusividad.

Nos referimos al amor procreador cuando salir de uno mismo trasciende y es fruto y expresión del amor recíproco.

Para que la familia avance, el primer motor es el amor entre los padres. Para eso, el matrimonio debe venir con las maletas bien hechas. El equipaje que traemos nos va a venir muy bien después. Es más, la maleta la estamos haciendo desde que somos pequeños. En el caso de que ya estéis casados y no hayáis hecho bien la maleta, ¿qué podemos hacer? ¡Tirar para adelante!

Hay que cuidar con cariño especial la relación. Como dice Víctor Kuppers: «Planta que no se riega, la palma». Pues cuidemos con mimo y dedicación nuestra relación matrimonial o de pareja.

La persona más importante de nuestra familia es nuestra pareja.

No se arreglan matrimonios, sino que se «arregla» a un hombre y a una mujer. En este viaje, cuando encontramos una crisis, debemos pensar: «¿Yo qué puedo hacer para mejorar esta situación que tenemos?». No hay que pensar en lo que pueda hacer la otra persona.

Al igual que en un proyecto profesional, cuanto más valioso sea ese proyecto, más alta es la meta y más esfuerzo me va a costar. Pues pensad que el proyecto más valioso que tenéis en vuestras manos es vuestra unión, vuestro matrimonio.

¿Sabemos amar? El amor es un misterio, el amor no lo ha inventado un ingeniero. Y por qué no, la mujer es un «misterio indescifrable». Afortunadamente, todo en la vida no son 2 + 2.

Aprender a amar es posible, y aprender a amar mejor, también. Del mismo modo que de pequeños aprendimos a andar, hablar, podemos aprender formas de amar. Amar es aceptar al otro cuando algo no nos gusta.

Amar es efectuar una escucha activa, sin pensar en qué le voy a decir. También se ama con lo pequeño, lo insignificante, con lo que nadie ve.

En el trabajo profesional a veces afrontamos problemas a los que buscamos soluciones y esto resulta en un avance y mejora. Esto se puede aplicar de modo paralelo al matrimonio, en el que pueden surgir crisis… que también son una oportunidad para mejorar. Y si se superan, avanzamos y mejoramos nuestra relación.

El amor aumenta o disminuye. Debemos saber qué cambiamos cada día y asegurarnos de que la evolución y nuestro cambio sean positivos y no negativos. Si uno no se esfuerza por mejorar, no me quedaré igual, o subo o bajo.

Esas crisis las podemos llamar «noches del amor humano», «se me ha pasado el sentimiento». La cabeza está por encima del corazón y tiene que ser la que nos guíe. El amor es una facultad de la voluntad.

Casarse, comprometerse con otra persona, es quizá la forma más directa y exclusiva de dejar de pertenecerse. Deberíamos agradecer al otro que me libre de mí mismo.

En la complejidad de las semanas, ayuda el intentar buscar momentos para estar juntos en exclusiva, sin niños. Merece la pena dedicar este tiempo donde la pareja pueda tener confidencias, conversar sobre ellos, dejando a un lado las preocupaciones de los hijos… No valen excusas del tipo «no tengo tiempo» o «¿con quién dejo a los niños?». La felicidad de los padres influye en un 90% en la felicidad de los hijos. Aunque, ¡ojo!, la motivación para cuidar el matrimonio no debe ser «lo hago por mis hijos». La principal motivación para cuidar de una relación es el amor que siento por la otra persona, y por la que merece todo el esfuerzo. Por lo tanto, ¡a por ello!

El tiempo dedicado a la pareja es la mejor inversión del día.

¿Sacrificio y felicidad?

¿Qué entendemos por felicidad? La felicidad es más un resultado que una intención. Solemos identificar la felicidad con esos momentos importantes de nuestra vida, como el nacimiento de un hijo, el día en que conocí a mi pareja, el primer beso... También cuando nos preocupamos por los demás, por nuestros hijos, por el otro, empezamos a ser felices.

Sin sacrificio no hay felicidad. Un buen ejercicio puede ser el pararnos a pensar: ¿En qué etapas de mi vida he sido más feliz?

Singularidad del otro. El hombre es diferente de la mujer

Esto ayuda a armonizar nuestros esfuerzos en la educación de los hijos. A los hombres les cuesta más llegar a conocer a las mujeres, esto las llena de atractivo. La mujer llega a conocer al hombre con más facilidad.

A veces, intentamos pedir al otro lo que queremos que nos dé, pero no sabemos si el otro nos puede dar eso.

Uno se puede pasar la vida intentando cambiar al otro, pero no va a funcionar como tú, porque es distinto a ti.

Sabemos que el hombre es más sectorial, tiene compartimentos aislados: trabajo, familia, *hobbies.*

La mujer es espiral, unitaria y comunicadora. Es una ventaja pero a la vez es un inconveniente porque, cuando se estropea, deja de funcionar todo a la vez: familia, trabajo...

Comunicación, intimidad y felicidad

Comunicación: la comunicación no es una técnica. Hay que saber que la comunicación no es hablar mucho o poco, sino tener mucho o poco en común. Para tener mucho en común, hay que tener intimidad entre los dos.

Lo común se refiere al proyecto matrimonial y eso es motivo de conversación profunda. ¿Cómo va nuestro proyecto? Es bueno revisar objetivos, evaluar, ser sinceros y no dar pistas falsas. No se puede decir todo en cualquier momento. Hay que intentar ser oportuno. Desechar las palabras «siempre» y «nunca». Son términos demasiado radicales y no suelen ser objetivos ni representativos de la realidad.

«Siempre» y «nunca» no expresan la realidad
de una persona abierta al cambio y la mejora.

Conviene cuidar el arte de sugerir. Tendríamos que intentar ayudarnos para quitarnos las manías que estamos adquiriendo. Intentaremos que el otro busque el bien, la verdad y la belleza.

Para corregir, hay que querer muchísimo. Un niño se da cuenta de cuándo su padre le regaña porque tiene una descarga de adrenalina o porque le quiere mucho. Hay que corregir con cariño. Una gota de miel tiene más eficacia que un barril de hiel. Y dar tiempo a la otra persona a corregirse.

Sexualidad y felicidad

La sexualidad humana no es un bien de consumo, no es una vida de dos cuerpos, sino la unión de dos personas. Solo quien es capaz de integrar su sexualidad en su personalidad de modo armónico llega a ser feliz. La felicidad del matrimonio tiene mucho que ver con la capacidad de comunicarnos y la sexualidad es el lenguaje en el que el hombre y la mujer se expresan mutuamente ese amor. Todas nuestras palabras y actos están tamizados por nuestra sexualidad: comunicamos, hablamos, sentimos y razonamos como hombre o como mujer.

Los hijos aprenden de sus padres cómo ser hombre y cómo ser mujer: somos su referente masculino y femenino. Sentirnos orgullosos de nuestro cuerpo y de lo que somos transmitirá a nuestros hijos una autoestima adecuada. El cómo nos tratemos como hombre y mujer recíprocamente les enseñará a relacionarse con el otro sexo y a esperar un trato respetuoso con su dignidad.

El hombre está hecho de materia y de espíritu, y si solo vive de materia, lo que experimenta es un placer incompleto.

Comparte con los demás seres naturales todo lo que se refiere a su ser material, pero se distingue de ellos porque posee unas dimensiones espirituales que le hacen ser una persona.

Es importante que sepamos estar el uno pendiente del otro.

Saber empezar: el matrimonio no es una llanura. Que nada nos sorprenda, porque puede haber de todo. Los conflictos los va a haber y le pasa a todo el mundo. Por eso debemos tener la habilidad de hacer las paces.

Él o ella no es igual hoy que cuando nos casamos o nos conocimos. Merece la pena pararnos a pensar sobre cómo mejorar, tener la ilusión de volver a empezar, mirando juntos hacia el futuro. Después de una crisis, siempre hay crecimiento en la relación.

Esas crisis pueden provocar discusiones, que nos digamos una palabra más alta que otra, pero no hay que dejar que estos conflictos dejen heridas profundas. Nos debemos a nosotros mismos y a nuestros hijos el luchar siempre para que el amor crezca. Lo que nuestros hijos necesitan no son muchas cosas, sino unos padres que se quieran.

Adquisición de hábitos, valores y virtudes

Orden

Ya hemos visto que es muy importante la adquisición de hábitos que se irán convirtiendo en rutinas (de sueño, alimentación y descanso). Para ello, nuestros hijos a estas edades tempranas necesitan orden tanto material como de organización. Debemos aprovechar el periodo sensitivo de este valor que se vive con máxima intensidad entre el primer y tercer año. Los primeros que debemos dar ejemplo somos nosotros. Nosotros somos su principal y más influyente modelo para imitar. Por lo que hoy debemos cuidar y mantener el orden en casa y de nuestras cosas. Nuestro hijo debe ver que cada cosa tiene su sitio donde guardarse. A la vez no es conveniente ser demasiado estrictos o rigurosos en el orden. Sobre todo, el orden debe ser práctico, ayudándonos en la convivencia del día a día.

Al principio, deberemos acompañarlos en esta tarea. Lo haremos nosotros y él nos observará. Le puede motivar que dispongamos de cajas de colores para guardar diferentes juguetes, y de esta forma le ayudaremos también a clasificarlos. También le puede ayudar que disponga de pocos juguetes para que luego los pueda guardar con más facilidad. A continuación intentaremos hacerlo juntos, motivándolos con alguna canción tipo «A guardar, a guardar cada cosa en su lugar». Para un niño, ordenar debe ser un juego.

*Mantener el orden en casa empieza
por tener un sitio para cada cosa.*

Progresivamente iremos dejándole solo en esta tarea según vaya interiorizándola. El niño irá desarrollando su propio sentido del orden lógico y ordenará por tamaños, colores, formas...

No solamente nos centraremos en el orden en los juguetes, también podremos indicarle el mejor lugar para dejar los zapatos, el abrigo, la mochila... dejándole a él autonomía en el día a día para colocar sus cosas.

En concreto, el lugar adecuado para guardar estos objetos debe estar al alcance de ellos y, a la vez, tiene que ser atractivo. El abrigo debería colgarse en un perchero que esté a su altura, los zapatos podríamos guardarlos en una caja de color especial, podemos motivar al pequeño diciéndole que es la casa de sus zapatos, para que cada día quiera guardarlos ahí. Disfrutará encontrándolos fácilmente. Si conseguimos esta rutina del orden, habremos conseguido un gran logro que continuará en el futuro.

También ayuda a aprender el orden la secuencia de acciones que se repiten cada día convirtiéndose en rutinas, como:

Colgar el abrigo→ lavarse las manos→ ayudar a poner la mesa→ sentarse a merendar→ juego→ recoger juguetes→ baño→ ponerse el pijama→ cenar y acostarse.

Obediencia

Hacia el final de esta etapa surge lo que se denomina «la edad del no». El niño comienza a reconocerse como ser autónomo que puede realizar acciones sin sus padres. Es, por tanto, normal que surjan esas primeras negativas a obedecer. Pero, a la vez, es un buen momento para comenzar a educar en la obediencia. Esta virtud va muy unida al ejercicio de la autoridad. El niño puede obedecer porque reconoce la autoridad de sus padres: mis padres me quieren y quieren lo mejor para mí. Pero en ocasiones querrá realizar acciones autónomas para afianzar su propio carácter. Los padres deben comenzar a dar razones al niño para su obediencia. Razones adaptadas a su edad y capacidad de comprensión que le ayudarán a afianzar la virtud y la autoridad de los padres (Utrera, 2023). Es importante para un correcto ejercicio de la autoridad que los padres tengan normas fijas, que sean previsibles. De otro modo daremos al niño una sensación de arbitrariedad que minará la autoridad, aunque esta no se pierde del todo, pero puede disminuir, sobre todo pensando en la adolescencia, cuando esa autoridad es claramente desafiada.

Hay que dar a los hijos razones para obedecer adaptadas a su edad.

Las normas deben ser claras, dadas en el momento adecuado, sustentadas en la realidad; estas normas

214

deben estar consensuadas por los padres para que la labor educativa sea más eficaz. Cuando el padre tiene unas normas y la madre otras, los hijos harán lo que más les convenga y esto no es nada educativo. Los padres deben valorar el esfuerzo del niño por cumplirlas. En su libro *Lo que no te han contado sobre tu hijo* (Palabra, 2023), Pilar Utrera reflexiona sobre este tema en el capítulo «Hazme caso: obedecer con el corazón».

Sinceridad

Los niños a estas edades pueden comprender que decir la verdad es un bien en sí mismo. Pero la *mentira* como tal no existe hasta que tienen uso de razón. Mentir, en la definición clásica, sería «decir lo contrario de lo que se piensa con intención de engañar». El niño de dos o tres años puede mezclar la realidad con su propia imaginación, en muchos casos, tan real para él como la realidad tangible.

Pero no mierte porque no hay una intención como tal de engañar al otro, sino más bien de llenar algún vacío en esa realidad mediante el uso de su propia imaginación.

Los padres y educadores debemos, en este caso, ayudar al niño a diferenciar la realidad de la ficción, que solo existe en su mente, a completar esos vacíos con explicaciones cercanas a esa realidad.

*Los niños no mienten, no son capaces de
diferenciar la realidad de su imaginación.*

Los niños pueden acusarse entre sí de mentir, pero lo hacen sin emplear el término correcto: para ellos, si lo que dice el compañero no se adecua a la realidad percibida por ellos, será una mentira. No hay matices en su juicio moral. Del mismo modo que hemos descrito antes, es labor nuestra ayudarles a diferenciar lo que es la mentira del error de percepción.

Un niño podría mentir por miedo al castigo, por ello es importante premiar si dice la verdad (incluso retirando el castigo alguna vez), valorando más la sinceridad que el hecho de que el juguete se haya roto, por ejemplo. Superar el miedo, ser valiente, es un acto valioso para el desarrollo del niño que debemos premiar.

*Valorar cuando diga la verdad
superando el miedo al castigo.*

Lo que sí es de vital importancia, si queremos desarrollar en el futuro la virtud de la sinceridad, es que la vean encarnada en sus padres y profesores. Si decimos que para ellos la diferencia entre la realidad y lo que se dice es una mentira, el ejemplo que les demos les mostrará el valor de la virtud. Y no nos engañemos, los niños son *esponjas* que absorben todo lo que ven y oyen.

Si ven que mentimos, que hablamos mal de amigos o parientes, que no somos sinceros y coherentes entre lo que decimos y lo que vivimos, crecerán con la creencia de que la mentira, la falsedad puede ser conveniente en ciertas ocasiones. Quizá ahora no sepan diferenciar en qué ocasiones, pero lo harán.

Fortaleza y responsabilidad

Cuando hablamos de fortaleza, nos referimos a desarrollar la capacidad de autodominio en nuestros hijos, para que puedan seguir adelante, aunque en ese momento no les apetezca. Por ejemplo: que sean capaces de abandonar un juego porque tienen que ir a cenar y resistan el impulso de seguir jugando.

Tiene unas consecuencias enormemente dañinas el que, como padres, tendamos a proteger y a sustituir a nuestros hijos en los esfuerzos que deberían hacer ellos, llevándolos a una vida cómoda.

Existen muchas situaciones a lo largo del día para que nuestros hijos se ejerciten en la fortaleza, como soportar un dolor o molestia, superar un disgusto, dominar el cansancio o un «lo quiero ya».

Hay que enseñarles a:

- Que vean como algo bueno ayudar a un amiguito, a mamá y a papá...
- Esforzarse por terminar las cosas que comienzan.
- No quejarse.

- Sentarse correctamente, no tumbado.
- Comer de todo y terminar la comida.
- Levantarse a una hora fija.
- Agradecer y ser agradecidos.

Tenemos que valorar positivamente y reconocer su interés, esfuerzo o cuando hacen bien alguna tarea a tiempo o reconocerles también cuando el trabajo está bien hecho con buen trazo, con limpieza y orden.

Es importante apoyarse en la realización de pequeños encargos según su edad, que pueden ir haciendo en casa. Esto les va a ir proporcionando seguridad y fortaleza, además de que les ayudará a valorar el trabajo que realizan los demás en la casa. Estos encargos deben ser propuestos, no impuestos (podemos definir en una tertulia familiar los encargos necesarios y que ellos elijan entre varios, según lo que se les dé mejor) y motivarlos para que sean responsables y los cumplan, felicitándolos cada vez que lo hagan bien, haciéndoles ver que están ayudando a la familia.

Conviene, por tanto, reconocerles cuando hacen su encargo bien hecho; ya sea cuando hacen la cama, dejan preparada su ropa por la noche o sus mochilas (muy importante: la mochila es de vuestro hijo, se debe responsabilizar él desde pequeño).

Hay que darles responsabilidades adaptadas a su edad sin sustituirlos.

Ante la duda de dónde está el límite a la hora de exigir a vuestro hijo, podéis tener como norma: todo lo que puedan hacer ellos no se lo hagáis vosotros.

Si cuando tenía 3 años le has acostumbrado a no salirse con la suya y a que no haga siempre lo que le apetece, le hemos ido preparando para que se enfrente a las contrariedades, sabrá conformarse porque tiene que ser obediente y habrá aprendido a no hacer siempre lo que le gusta.

No le ocurrirá así al niño consentido o sobreprotegido. Pensemos y constantemente tendremos en la boca las expresiones: «¡no te mojes!», «¡no corras!», «¡pobrecito, cuánto madruga!».

Ojo, los padres deben saber desaparecer cuando llega el momento de hacerlo: los niños se hacen mayores antes de lo que piensan sus padres y acaban tratándoles como niños, cuando realmente ya no lo son.

Los hijos con fortaleza saben afrontar el frío, el hambre, la fatiga o el dolor... Tienen que aprender a solucionar sus problemas y dificultades, porque llegará un día que nadie, sino ellos, tendrán que sacar las castañas del fuego.

Ya vimos al tratar las emociones que debemos llegar hasta donde se encuentran ellos en sus sentimientos, y partir de ahí, haciéndoles ver que, si se han hecho daño haciendo un deporte o jugando, no tiene importancia si el daño es leve. Que cuando se come de todo, se están haciendo fuertes y sanos. Que no solo tienen que hacer las cosas cuando les apetece.

Como siempre, debemos ir por delante y nuestro ejemplo vale más que mil palabras. Lo mejor que puedes dar a tu hijo es que te vea luchar por hacer las cosas cada vez mejor. No importa que te vean haciendo algo mal. Lo reconocemos, rectificamos y luchamos para evitarlo.

Algunas ideas que también pueden ayudar...

- Involucrarnos en los mismos objetivos que les exigimos a ellos.

- Si hace falta pedir perdón... se pide.

- Luchar juntos por mejorar.

- Si se cansa pronto de hacer la tarea, nuestra presencia física es muy importante para animarle y exigir de acuerdo con su carácter y con el momento.

- Respetar sus horarios. Después cuando crezca, se adaptará a los nuestros y podremos volver a hacer otros planes.

- Pensar e ilusionarse con planes para hacer en familia:

  - Excursiones por el campo. Las largas caminatas por el monte que ayudan a fortalecer el carácter, donde solo se lleva lo imprescindible y se aprende que el resto es peso muerto a cargar, donde se pasa sed y algo de cansancio. ¡Todo de lo más saludable para fortalecer la voluntad!

- Una tarde de cine.
- Una merienda especial en casa...

- Confiad siempre en su capacidad de mejora.

- Valorad el esfuerzo.

- No le deis todo hecho.

Cómo mejorar la autoestima en la familia

La autoestima tiene mucho que ver con la autoimagen y la autopercepción del niño sobre sí mismo, sus posibilidades y sus limitaciones. Es importante que esa percepción se ajuste a la realidad, sin minusvalorar sus capacidades ni darle esperanzas sobre aptitudes que no posee. Los niños se ven reflejados en la percepción que tienen sus padres de ellos. Si los niños se saben estimados por ellos, crecerán sabiendo que pueden aspirar a metas altas, a conseguir lo que se propongan. No solo porque se lo «repitamos» con palabras y frases bonitas, sino porque se sentirán seguros y con confianza.

Los padres y educadores podemos aplicar la técnica REA para mejorar la autoestima de los niños.

Reconocer aquellos logros y los esfuerzos que hace, sabiendo que el éxito no se logra a la primera y que no rendirse es el primer paso para conseguir lo que se pretende.

Estimular al niño dándole información sobre lo que hace bien y de lo que puede hacer mejor en la siguiente ocasión, de manera que mejore a cada paso.

Y animar a mejorar y a proponerse metas altas y, sobre todo, adecuadas a sus capacidades.

Triunfar ayuda mucho a mejorar la autoestima. Por tanto, busquemos metas y objetivos en los que puedan obtener el éxito, sobre todo al principio, y valoremos esos logros. El niño que triunfa y se reconoce vencedor en sus «pequeñas batallas» estará más predispuesto a intentar nuevos retos en el futuro.

*Busca metas que pueda cumplir
para que se sienta capaz en un futuro.*

Las personas con una autoestima alta suelen haber tenido un ambiente familiar donde reciben un amor incondicional por parte de sus padres, donde son queridos independientemente de sus éxitos y fracasos, suceda lo que suceda. La familia, se ha repetido muchas veces, es el único lugar donde uno es amado por lo que es y no por lo que tiene o aporta. Quien se sabe así querido es capaz de afrontar cualquier situación.

Hemos de procurar mirar siempre lo positivo antes que lo negativo. Empezar por destacar lo positivo de nuestros hijos. Cualquier persona posee más aspectos positivos que negativos. Y eso es más evidente si miramos con los ojos del amor.

Esa mirada positiva se traduce en mensajes positivos hacia el niño, como destacar lo que nos gusta de su comportamiento, su forma de ser o su carácter. No se trata de hacer elogios falsos, sino de destacar aquello que en el niño es real y positivo.

Si cada niño es único, si se le quiere con un amor incondicional, cada hijo debe tener un tiempo especial con papá y mamá. No se trata de buscar tiempo para *sermonear* al niño, sino para hacer cosas que le gustan: un rato en el parque, llevarlo a una competición deportiva, de compras... Tiempos especiales adaptados a su edad, pero haciendo cosas que le gusten. Ese tiempo que el niño sabe suyo, donde tiene la atención de sus padres de modo exclusivo, le hará sentirse valorado, estimado y querido. Los niños que han pasado tiempo con sus padres de modo exclusivo se saben amados y valorados y se valoran a sí mismos.

Lo importante no son los resultados que obtenga, sino el esfuerzo y el interés que ponga en lo que hace. La frase «la meta es el camino» es algo que siempre debemos tener en mente al tratar con nuestros hijos. Sobre todo, si nuestros hijos son muy perfeccionistas, es bueno ayudarles a valorar lo que hacen, aunque no siempre se logre el resultado esperado. La vida se compone de múltiples pequeños fracasos que conducirán al éxito final.

> *Lo importante no son los resultados que obtenga, sino el esfuerzo y el interés que ponga en lo que hace.*

Pensemos en cualquier deportista: normalmente se han perdido más partidos, se han fallado más tiros que los anotados hasta que quizá se ha logrado el éxito. Ayudar a nuestros hijos y alumnos a reconocer el trabajo que han hecho les convertirá en personas de éxito, que además han aprendido lo que cuesta.

La autonomía personal desde que son muy pequeños es fundamental para aumentar la autoestima de los niños. Suelo decir a los padres de los niños más pequeños que «lo que puedan hacer ellos, no lo hagáis vosotros». ¿Y cómo dejarán el baño cuando con 3 años se duchen solos? Pues mal, ¿qué esperamos? Pero han dado el primer paso para ser autónomos. Si comen solos con un año, pues se mancharán, lógico. Pero si mantenemos la sonrisa y les animamos…. lo lograrán y se sentirán orgullosos de ellos mismos.

Esto último debe compaginarse con una exigencia acorde a su edad. Proponerles cosas que puedan lograr con un esfuerzo proporcionado es una manera de hacerles triunfar (por eso es tan importante formarse para educar bien y para saber qué podemos exigirles en cada periodo sensitivo, de ahí la importancia de esta colección de educar según las etapas evolutivas que tienes en las manos).

Es importante también ser claros en lo que se espera de ellos, dándoles indicaciones concretas y precisas. Para lograr lo que decimos, debemos apoyarnos en los puntos fuertes de nuestros hijos, en aquello que sabemos que se les da bien. Es bueno animarles a tener iniciativas, a que hagan cosas por su cuenta premiándolos más que castigando su iniciativa: si intentan recoger el lavavajllas por su cuenta, puede que algún vaso se caiga, pero en ese momento si le animamos, le enseñamos cómo puede hacerlo mejor la próxima vez, habremos perdido un vaso pero habremos ganado mucho en la autoestima de nuestros hijos que no se amilanarán ante nuevos retos.

Cuidemos el tono de voz, la postura corporal, el modo en el que decimos las cosas. Muchas veces, nuestros gestos no acompañan nuestras palabras. Mirar a los hijos a los ojos en lugar de hacerlo al móvil hace que sepan que son lo más importante en ese momento para sus padres o maestros. Acompañar nuestras palabras con una sonrisa, aunque estemos corrigiendo, les hace saber que perdonamos a la persona, aunque no transijamos con un acto concreto.

Tenemos que apostarlo todo a nuestros hijos. Tener confianza en ellos les hace tener confianza en sus posibilidades.

Repetirles que creemos en ellos, en lo que pueden hacer y lograr, que sabemos que no siempre coronarán con éxito lo que emprendan, pero que somos sus padres y que siempre estaremos allí en todo momento. El apoyo de los padres, no nos cansaremos de repetirlo, es fundamental para que aumente la autoestima de nuestros hijos, para que tengan los recursos necesarios para afrontar retos cada vez más costosos.

Como el soldado que sabe que tiene la retaguardia cubierta y puede adentrarse en terreno enemigo, el niño (y joven en el futuro), que sabe que sus padres están detrás de él siendo su apoyo, podrá ir siempre hacia delante.

Recordemos, como hemos dicho al principio, que el objetivo fundamental de cualquier educación es la felicidad, formar hijos felices. Esta etapa puede parecer que no es la más importante, pero todo edificio se construye sobre cimientos sólidos. La educación de un hijo comienza ahora y tenemos que poner solidez a este proceso con cosas aparentemente pequeñas. Es una labor apasionante, una aventura única que durará toda la vida.

Educar en la fe: el primer abrazo de Dios

Educar en la fe es educar en el amor de Dios. No se trata solo de enseñarle las cuatro oraciones básicas, es necesario que lo conozcan y, con nuestro ejemplo, traten a Dios y lo amen según van creciendo. Si desde pequeños lo han vivido, tendrán en la adolescencia un apoyo muy fuerte para superar tantas posibles crisis. Hemos comentado anteriormente que el objetivo de la educación es la felicidad y, cuando nos referimos al objetivo de la educación en la fe, hablamos entonces de la felicidad eterna.

Los padres son los primeros responsables en la transmisión de la fe.

La fe no son contenidos, es la realidad del plan de Dios. Los padres son los primeros y principales educadores de sus hijos, como colaboradores activos y responsables en la obra creadora y redentora de Dios. Son los primeros transmisores de la fe. El papel primero corresponde, evidentemente, al ejemplo que recibe de los padres. Los padres realizan esta responsabilidad, ante todo, por la creación de un hogar, donde la ternura, el perdón, el respeto, la fidelidad, la libertad responsable y el servicio desinteresado son norma. El centro educativo y la parroquia son colaboradores, no suplantadores de esta responsabilidad. La familia es ese lugar natural primero en el que la persona es afirmada como persona, querida por sí misma y de manera gratuita.

Práctica de la fe en la familia

Cuando hay experiencia de la fe, los hijos irán creciendo en ese ambiente de manera natural y comprenderán bien las realidades sobrenaturales. Es muy importante que se sientan libres y no coaccionados, cada uno tiene que tener su propia experiencia y su encuentro personal con Dios. Eso es lo importante, que el hogar esté vivo y que los padres hablen de Dios a los hijos con su propia vida.

Es muy recomendable asistir a Misa cada domingo y en familia. Es la principal celebración del cristiano. Se aconseja que asiste toda la familia, incluso los hermanos más pequeños, pero valorando la conveniencia en cada situación tanto familiar como personal.

Tener pocas devociones
y adaptadas a su edad.

¿Qué prácticas cristianas podemos hacer a estas edades?

Todo lo que está vivo necesita alimentarse, también la fe. Así de sencillo se puede explicar a nuestros hijos: que la fe es un regalo, un don de Dios que debemos cuidar.

Se puede rezar por las noches con vuestro hijo la oración «Jesusito de mi vida» o del «Ángel de mi guarda» antes de acostarse. En la medida de sus posibilidades, preguntadle qué ha sido lo mejor del día para él, lo que más le ha gustado, y enseñadle con pequeños detalles a ser agradecidos con los demás y con Dios por todo lo que tenemos.

Si está pasando por un proceso de pesadillas nocturnas, es habitual que no quiera quedarse solo en su cuarto.

Algunos consejos para estos momentos serían recurrir a la figura del ángel de la guarda (o técnica de las alas). Háblale a tu hijo de que todos tenemos un ángel que nos ha puesto Dios para cuidar de nosotros y que papá y mamá también tienen uno.

Puedes contarle, adaptada a su edad, alguna de las historias de la Biblia en las que aparecen los ángeles cuidando de los personajes de la historia sagrada (el joven Tobías y Rafael, Elías y los ángeles que le dieron de comer, Pedro y su liberación de la cárcel...). Anímale a que le ponga nombre a su ángel de la guarda y a que le llame por la noche cuando vea que tiene miedo para que él expulse al miedo.

Reza con él alguna de esas oraciones de la tradición que siempre se han usado en la vida de piedad de los niños (y no tan niños): «Ángel de mi guarda, dulce compañía, no me dejes solo ni de noche ni de día, no me dejes solo, que me perdería» o «Cuatro esquinitas tiene mi cama y cuatro angelitos que me la guardan». De este modo, real y de vida de fe, el niño aprende a confiar en el poder de Dios, que nos cuida en todo momento enviando a sus ángeles para que nos sirvan de cuidado ante el mal.

También puedes enseñarle a pedir perdón cuando no ha hecho algo bien: Es bueno que vea que nosotros también nos pedimos perdón.

Por la mañana podemos rezar alguna oración del ofrecimiento del día de las tradicionales u otras más sencillas, como, por ejemplo: «Jesús, José y María, os ofrezco todo mi día» o incluso inventar una propia.

Para bendecir la mesa hay muchas fórmulas, algunas son canciones infantiles, otras son oraciones cortas, etc.

Es muy recomendable celebrar el santo de cada miembro de la familia y explicarles que, según el nombre que uno recibe en el bautismo, tiene un patrón que lo protege durante su vida.

Podemos transmitirle el amor a la Virgen María, celebrando en casa las fiestas dedicadas a la Virgen.

Un libro que incluye todas esas oraciones además de preciosas ilustraciones para cada una de ellas es *Mi libro de oraciones* ilustrado por Tina Walls (Palabra, 2023).

PARA RECORDAR

- Aprovecha los periodos sensitivos de tu hijo para educar las diferentes virtudes.

- Crear un ambiente de comunicación en la familia permite compartir valores y transmitir criterios a nuestros hijos.

- Las tareas de la casa son responsabilidad de todos.

- ATRACÓN de CARIÑO: Alegría, TRANquilidad y CONfianza.

- La persona más importante de nuestra familia es nuestra pareja. Dedicar un tiempo exclusivo para los dos ayuda a crecer a toda la familia.

- Somos para nuestros hijos el modelo de hombre y mujer con el que formarán su personalidad.

- El orden comienza por tener un sitio para cada cosa.

- Tener unas normas fijas y previsibles para que el niño tenga razones para obedecer adaptadas a su edad.

- Los niños de esta edad no suelen mentir: su imaginación forma parte de su realidad y así lo transmiten.

- Hijos fuertes y responsables: no sustituyas a tus hijos en aquello que pueden hacer por sí mismos.

- Si un niño va triunfando en las pequeñas metas que se propone, irá queriendo plantearse nuevos retos.

- El esfuerzo de nuestros hijos es lo que hay que valorar: el resultado no siempre es el mejor, pero si se ha puesto todo el esfuerzo, se triunfa siempre.

- Los niños aprenden la fe de sus padres: que nos vean rezar y ser coherentes con lo que creemos.

PARA PENSAR

- ¿Cómo vivimos las virtudes que pretendemos inculcar a nuestros hijos? ¿Somos su ejemplo?

- Piensa qué momentos pueden ser buenos para charlar con tu hijo: el baño, la cena, en los trayectos en coche hacia el colegio… favorece que te cuente sus cosas.

- Piensa si ven a papá y a mamá ayudarse mutuamente con espíritu de servicio: no hay nada que les guste más que ser el «ayudante» de papá o mamá en las tareas de casa.

- Piensa cuánto tiempo le dedicas a tu pareja en exclusivo: sin móviles, sin llamadas, sin niños… Solos tú y él/ella para conversar y estar juntos.

- Piensa en qué valores quieres transmitir a tus hijos para que sean hombres y mujeres en el futuro: ¿cómo puedes darles ejemplo de ello?

- Piensa si el orden en casa es «accesible», ¿puede el niño guardar sus cosas porque el lugar está a su altura y sencillo según sus capacidades físicas?

- Las normas que tenemos en casa, ¿las conoce el niño? ¿Son pocas y comprensibles para que pueda obedecer adaptado a su edad?

- Piensa si siempre somos ejemplo de veracidad para nuestros hijos: palabra y acción deben ir de la mano.

- Dales encargos adaptados a su edad y no les sustituyan al primer fallo. ¡Te sorprenderás de lo que pueden hacer!

- Piensa si sois demasiado exigentes con el resultado de sus acciones o si valoráis adecuadamente los esfuerzos que hace.

- Piensa si sois un ejemplo de fe ante las dificultades y contrariedades, si os ven rezar ante lo bueno y lo malo poniendo a Dios en el centro de la familia.

BIBLIOGRAFÍA DE REFERENCIA

Aboal, María (coordinadora), *Didáctica de la Lengua Española en El*, UNIR, La Rioja 2015.

Alcázar, José Antonio y Corominas, Fernando, *Virtudes humanas*, Palabra, Madrid 1999.

Bilbao, Álvaro, *El cerebro del niño explicado a los padres*, Plataforma Editorial, Barcelona 2015.

Cardo, Cristina y Vila, Berta, *Material sensorial (0-3 años). Manipulación y experimentación*, Graó, Barcelona 2005.

Frost, Jo, *Pregúntale a Supernanny*, Planeta, Barcelona 2006.

Goleman, Daniel, *Inteligencia emocional*, Editorial Kairós, Barcelona 1996.

Gopnik, Alison, *El bebé filosófico,* Planeta, Barcelona 2010.

Heguy, Graciela, *La pedagogía Montessori, una posibilidad para todas las escuelas*, Noveduc, Buenos Aires 2020.

Isaacs, David, *La educación de las virtudes humanas*, EUNSA, Pamplona 1996.

Isaacs, David y Abril, María Luisa, *Familias contracorriente*, Palabra, Madrid 2001.

Jarque, Jesús, *Folletos para familias* https://jesusjarque. com/para-descargar/folletos-para-las-familias/

Marañón, Gregorio, *Ensayos sobre la vida sexual*, Espasa Calpe, Barcelona 1960.

Marina, José Antonio, *La educación del cerebro*. https:// www.joseantoniomarina.net/articulos-en-prensa/la-educacion-del-cerebro/

Mijancos, Maite, *Inteligencia emocional y felicidad*, Palabra, Madrid 2006.

Monfort, Marc y Juárez, Adoración, *El niño que habla*, Editorial CEPE, Madrid 2013.

Polaino, Aquilino y Ávila, Carmen, *Cómo vivir con un niño hiperactivo*, Narcea, Madrid 2008.

Rigal, R., *Educación motriz y educación psicomotriz en Preescolar y Primaria*, INDE, Barcelona 2006.

Rivilla, Iván (coordinador), *Didáctica de la Educación Física en El*, UNIR, La Rioja 2019.

Rondal, Jean, *Lenguaje y educación*, Editorial Médica y Técnica, Barcelona 1980.

Utrera, Kiruca, *Lo que no te han contado sobre tu hijo y te gustaría saber*, Palabra, Madrid 2023.

Zeanah et altri. *Sensitive periods.* https://srcd.onlinelibrary.wiley.com/doi/10.1111/j.1540-5834.2011.00631.x